中国新闻政治传播研究

陈友胜 著

湘潭大学出版社

目 录

绪　论

亚里士多德曾把人类定义为“政治动物”，并把政治与“表达”建立密切的关系，他在《政治学》第一章中明确指出：“自然界使人区别于动物之处就在于人类能够理智表达。”

报纸、广播、电视以及当下网络媒体，都是人类通过文字、语言、图像来表达的工具，因此，这些传媒生产、传播的内容，天然与政治有着密切的联系，可以说，政治传播是媒体传播的主要和重要的内容。媒体报道的国务活动、党务活动、党政方针、政治民主化和现代化，以及政治与经济、文化、外交等方面的关系，已成为传统媒体报道的常态，也成为社交媒体政治参与、政治表达的重要内容。

政治传播成为当下社会关注的重点，政治传播研究也成为时下研究的热点。

政治传播有人际传播、组织传播、新闻传播，本书论述的是新闻政治传播。

政治传播，是一种具有特质的传播。它的特质在于政治统摄传播。政治传播是人类传播活动中一个非常重要的方面。它是人类政治活动的反映，同时又深刻影响人类的政治活动。

中国已进入具有中国特色的社会主义建设新时代，如何充分体现这个新时代的政治活动，如何使我们的政治传播更好地助推有中国特色的社会主义建设，新时代向中国当代的政治传播提出了新的命题。

政治传播，是从西方引进的一个传播学概念，是二十世纪六七十年代在西方兴起的一个学科。1993 年，国际传播学会正式成立了政治传播学部。20 年后，学者阿达·菲尼特出版《政治学·学科的状态》，将政治传播学纳入政治学学科范畴。可见，政治传播是一种传播和政治同一的事物。①

中国的政治传播研究，从二十一世纪初开始逐渐形成气候。政治传播研究机构的成立，研究文章和专著的发表，专业学术杂志开辟的政治传播专栏，学术研究活动的开展，使政治传播成为我国新闻传播研究的一个热点。

然而，西方的政治传播研究始于并着重于西方的竞选政治，虽然后来的发展多有变化和丰富，但毕竟西方的政体与体制与中国不同，照搬西方的研究成果于中国必然水土不服。我们必须在批判借鉴的基础上，面对我国丰富的政治传播实践，构建我国的政治传播的研究体系。

虽然政治传播的概念首先在西方出现，但我国政治传播的实践却有着悠久的历史。政治传播的方式多样，政治传播的经验十分丰富。面对我国政治传播经验的富矿，对建构中国的政治传播

① 参见荆学民，段锐．政治传播的基本形态及运行模式［J］．现代传播，2016（11）．

学说，我们应当有充分的自信。

时代在发展，社会在进步。我国已进入具有中国特色的社会主义建设新时代。对于政治传播来说，新时代呈现两大鲜明特点：其一，政治生态向好发展。由于我国民主政治建设的加强，民众的民主素质普遍提升，这给政治传播的内容和形式提出相应的变革要求；其二，网络时代，社交媒体的崛起，改变了政治传播的格局，网络政治传播、网络政治参与等向传统的政治传播提出了挑战。

在建构我国政治传播理论体系时，既要传承我国历史的优秀的政治传播传统精华，又要总结梳理新时代的现实的政治传播新方法新经验。

2016 年 5 月 17 日，习近平总书记在《哲学社会科学工作座谈会上的讲话》中指出："要加快完善对哲学社会科学具有支撑作用的学科，如哲学、历史学、经济学、政治学、法学、社会学、民族学、新闻学、人口学、宗教学、心理学等，打造具有中国特色和普遍意义的学科体系。"其中提到的学科中，有两个学科：政治学与新闻学，与政治传播有着密切的关系。政治传播理论体系的建构，能完善和丰富有中国特色的社会主义新闻学。从这个意义上说，建构中国特色的政治传播学理论体系，是在为解决习近平总书记 5 月 17 日讲话中指出的当前我国哲学社会"存在一些亟待解决的问题，主要是一些学科设置同社会发展联系不够紧密，学科体系不够健全，新兴学科、交叉学科建设比较薄弱"的问题，做一些微薄的贡献。

为构建新时代具有中国特色的中国政治传播学理论体系，许多先行者做了大量的工作，不少学者在理论上多有建树。作为一名长期在传统新闻媒体工作的从业者，企望更多地从实践层面，开发我国政治传播的经验，寻求新时代政治传播的新路径。

一、西方语境下的政治传播研究

西方的政治传播研究的背景，是西方的竞选性政治的兴起。政治传播成为竞选性政治服务的工具，政治传播被研究者视为“依赖媒介的专业化政治操作”。起初，各竞选方还着重利用媒介来宣示自己未来的施政纲领和政策主张，后来则发展到少宣示施政主张，更多的是抓住对方的把柄甚或是个人隐私相互攻击，政治传播被异化。西方正直的学者不满上述研究，极力将研究引入正轨，使政治传播取得了相应的成果。但万变不离其宗，其研究成果均离不开竞选政治。这种成果，主要表现在厘清了政治传播及其相关的概念，并开始拓宽和深化研究领域。

（一）政治传播概念释义

西方学者从施拉姆的“传播生成社会”理论出发，认为“传播是社会得以形成的工具”，而社会与政治具有同一性，促成传播成为一种政治化过程。法国学者埃里克·麦格雷由此指出：“客体、社会关系和政治秩序，是传播的题中应有之义”“传播首先是文化事实和政治事实”。[①] 美国学者弗雷德·雷格斯蒂则直接将传播社会政治化，又将政治社会化直接认定为政治传播，即“政治即传播” “传播即政治”。这是从广义的角度来界定政治传播。

英国政治传播研究著名学者布莱恩·麦克奈尔对诸多学者的

① ［法］埃里克·麦格雷. 传播理论一种社会学的视角［M］. 刘芳，译. 北京：中国传媒大学出版社，2009：4.

论述梳理后，给政治传播下了一个简洁的结论：政治传播是“关于政治的有目的的传播”。[①] 应该说，这是狭义的政治传播概念。但是，在具体解释时，他特别强调了“竞选”和“媒介”两个关键词，仍然没有走出竞选政治的局限。而且，他还借力李普曼有感而发：“当代意义最为重大的革命不是经济革命或是政治革命，而是一场在被统治者中制造同意的艺术的革命。”[②] 他将政治传播视为在竞选政治中获得民意赞成的一种“艺术”。

本来，政治传播是“关于政治的有目的的传播”，如果不是将其局限在竞选的范围内的话，倒是比较准确地给政治传播下了一个很好的定义。

（二）政治传播形态的研究

1. 为“政治宣传”正名，频繁使用“宣传”

二战时的德国法西斯，使“宣传”信誉扫地，臭名昭著的“谎言重复一百遍便成了真理”，这是他们给“宣传”下的注脚。于是，宣传便成了“操纵和欺骗”，“宣传”被污名化，以致人们避谈“宣传”，西方在很长一段时间里让“宣传”背负骂名。

其实西方在政治和传播领域中，对“宣传”还是有个正面肯定的论述，学者伯内斯在其《宣传》一书中就说：“宣传遍布我们生活的所有领域，它切实地改变了我们对于这个世界的心理图景。纵然宣传的崛起的确有些方面令人极其悲观——这尚待证

① ［英］麦克奈尔．政治传播学引论［M］．殷琪，译．北京：新华出版社，2005：4．

② ［英］麦克奈尔．政治传播学引论［M］．殷琪，译．北京：新华出版社，2005：4．

实，而这一判断所昭显的大势却毋庸置疑。事实上，随着宣传在赢得公众支持上的有效性得到认可，对于宣传的使用也越来越频繁。”① 他还为宣传的正当性辩护：“宣传的价值正在于尽其所能得到组织与个体，群体之间的相互理解。”② 他还指出，宣传的机制简化了民众的选择：“如果人们必须卷入艰深复杂的经济、政治和道德方面的数据资料，对所有问题进行考量，他们就会发现自己什么结论也得不出来。我们已自发达成共识，允许一种隐蔽的治理为我们筛选数据、凸显重点，最终让我们的选择被缩小到可操作的程度。”③ 他认为“宣传”就有这样的效用。法国哲学家埃吕尔更为宣传张扬，呼吁要研究宣传，首先要去除“宣传是罪恶，宣传是谎言”的成见，先不要把宣传与特定国家或某种意识形态联系在一起。在他看来，宣传是与现代化相伴而生的必然形象。④ 美国学者盖斯·乔维特和维克多·丹尼尔在《宣传与说服》一书中指出：宣传是引导观念与理解，操纵认知与行为，以实现特定意图、达成欲求结果的计划性和系统性活动。宣传比其他传播活动更具“筹谋”的特点，本质上是一种预设目标的定向传播，并通过特定概念形塑被传者的“同意”意识。法国学者雅克埃吕尔认为，“宣传是由组织的群体使用一系列手段进行心理操控，使大众中的个体达到心理上的统一，团结在一起，积极地

① ［美］爱德华·L. 伯内斯. 宣传［M］. 胡百精，董晨宇，译. 北京：中国传媒大学出版社，2014：150.

② ［美］爱德华·L. 伯内斯. 宣传［M］. 胡百精，董晨宇，译. 北京：中国传媒大学出版社，2014：150.

③ ［美］爱德华·L. 伯内斯. 宣传［M］. 胡百精，董晨宇，译. 北京：中国传媒大学出版社，2014：150.

④ 转引自董子铭. 宣传·说服·对话：舆论引导的路径叠进［J］. 当代传播，2015（2）.

或被动地参与该群体的行动。”①

2. 政治沟通：说服和对话研究

政治传播中常见的基本形态就是政治沟通。政治沟通常使用的形式则是说服与对话。

西方政治传播学者眼中的政治沟通是“赋予政治过程以结构和意义之信息和情报的流动过程。”②

说服与宣传一样，同是单向传播。为了取得理想的效果，学者们提出了一些研究的成果，以霍夫兰等为首的美国学者们研究在说服时影响态度改变的三个要素：一是以事实说话，事实胜于雄辩，用事实来实现说服；二是信源的可信度，说服者的权威与人品；三是情感，说服者的激情，用感人的情感打动被说服者，使之在情感共鸣中达成共识。

荷兰学者麦奎尔提出以信息处理为框架的说服过程矩阵。矩阵分为六步：第一步是说服性信息必须得到传播；第二步是让受众注意到这个信息；第三步是让受众理解这些信息；第四步是让受众接收和信服所陈述的观点；第五步是使新接受的立场得到维持；第六步是期望的行为发生。麦奎尔是个受众研究的学者，他的说服过程矩阵强调了受众的主动性和积极思考，要调动受众基于自身利益的积极性。

丹尼斯·卡茨则提出了说服的四种功能：一是工具性的为我所用的、功利主义的功能；二是消除危机的有自我防卫的心

① 转引自董子铭. 宣传·说服·对话：舆论的引导的路径叠进［J］. 当代传播，2015（2）.

② ［英］戴维·米勒等编. 布莱克维尔政治学百科全书［M］. 邓正来，译. 北京：中国传媒大学出版社，2015：547.

理功能；三是源于自我决策的表达价值观的功能；四是对理解的需求的认知的功能。受众的这四个功能告诉说服者说服时要有的放矢。[①]

政治沟通中的对话，是一种双向交流的传播方式。对话是基于信息的互动，因其对象化、互动性、情感诉求、解决实际问题等特点，能获得较好的说服效果。

詹姆斯·格鲁尼格在《卓越公共关系与传播管理》一书中认为：拥有正确的世界观的双向平衡模式，是对话获得良好效果的行动指南。他主张的世界观是：利益分配、机会获得的公平与对等；引导者须放弃“传声筒”的定位，扮演“平等”的促进者和协调者，同时也是互惠契约的见证者和维护者。同时，格鲁尼格还提出了双向实践的新均衡模式。模式表现了对话双方相互了解，互利双赢，以构建彼此认同。[②]

巴赫金的对话理论对对话的研究十分深刻，他认为，思想只有同他人的思想发生对话的关系之后，才能开始自己的生活，才能形成、寻找和更新自己的语言表达形式。[③] 马丁·布伯发展了巴赫金对话理论，明确地指出：“人类需要对话，不是独白。”

霍尔则强调对话双方的对等性，他通过编码解码理论，发现如果双方缺乏对等性，会产生意义的“误解”或“扭曲”，甚至对抗性解码。

---

① 参见董子铭. 宣传·说服·对话：舆论引导的路径叠进［J］. 当代传播，2015（2）.

② 参见董子铭. 宣传·说服·对话：舆论引导的路径叠进［J］. 当代传播，2015（2）.

③ 参见张小娅. 对话的重要性：国际传播中的理解与接受［J］. 清华大学学报，2015（1）.

杜威认为，真理和对社会有益的信息产生于意见的平等交换和自由辩论中，人们所需的知识来源于对话而不是说服。因此应该在公共领域内，特别是社区层面进行广泛对话。

哈贝马斯的交往行动理论发展了杜威上述理论，强调通过对话达到双方或各方的理解与一致。他提出的“交往行为理论”认为，在处理人与人的关系时，强调与主体客体关系不同体的互主体性。这种互主体性就是一个双向传播过程，对话的双方具有同等主体地位，处于平等的关系中，达到一种“协商的理解”。[①]

3. 政治参与研究

政治参与是政治传播所研究的一个重要形态。在西方国家，在互联网未出现前，主要研究受众接触传统媒体会对政治参与产生怎样的影响，比如报纸、电视、电台会提醒西方选举何时进行，投票站的关闭时间以及抗议游行的路线等，以便民众参与。同时，也研究媒介接触对民众的间接影响等。

互联网兴起后，特别是社交媒体的出现，西方政治传播研究者视线从线下转移到线上。西方学者认识到由于政党越来越多进行网络互动，便使他们的沟通个性化，这会增进公众之间的政治参与。社交媒体具有巨大的政治参与潜力，因为其有转发这一强大的信息扩散能力，不仅是传播信息的理想平台，也是政治观点和想法不断得到公众认同和加强的平台。有学者认为，如今，在社会公众对政治日渐失去兴趣的时候，社交媒体的问世，极大地促进了政治家和网民的互动，为公众政治参与带来了新的空间，

① 参见［德］尤尔根·哈贝马斯. 交往行为理论（第1卷）［M］. 洪佩郁，蔺青，译. 重庆：重庆出版社，1994：122.

也缩短了公众与政治间的距离。通过社交媒体，公众可以将传播权力从精英阶层和权力机构转移到普通民众，通过社交媒体，普通民众可以制造“新闻”内容，向公众传播和放大他们的声音。①

候选人利用社交媒体竞选，以此吸引选民的注意、提高选民对他们施政的兴趣和热情，激发民众政治参与的积极性，是西方学者政治参与研究的热点之一。

学者认为，社交媒体具有左右舆论走向，改变政治媒体生态的潜力，报道传统媒体不能报道的新闻，不断生产新的民众参与的政治议题，还能为竞选者征集选票，促进选民对政客的政治主张发表意见等。

Buololk 在《脸谱、推特和巴拉克·奥巴马新媒体和 2008 总统选举》一文中，以 2008 年奥巴马参与总统竞选为例，分析了推特等社交媒体在政治选举中的作用，称奥巴马的胜选是“推特选举”的胜利。

西方学者分析“阿拉伯之春”“占领华尔街”等社会运动时发现，社交媒体可以把一个地方性的事件放大，通过激活各类媒体的连接功能，提高了公众的思想认识，促进了公众的政治参与，动员了各类人群投入社会运动。学者们认识到，社交媒体方便了民众的政治参与，既有正面作用，可促进某些国家的社会进步，同时它也有不容忽视的社会负面作用，最常见的是引起社会骚乱，如法国的“黄背心运动”，由初期的合理诉求的示威游行，发展到打砸烧的骚乱。

总之，社交媒体填补了传统媒体在民众政治参与的时空鸿

---

① 参见陈文胜. 社交媒体的政治性应用——国外相关研究述评［J］. 新闻记者，2016（4）.

沟，成了民众政治参与、发表个人政治意愿得心应手的平台。社交平台成为政治参与的“2.0”升级版。

4. 政治营销研究

在西方国家，经济利益交换原则也渗透到政治传播之中，政治营销成了政治传播的一种重要形态。它在西方国家政治竞选和国内政府、政客的政治影响力的发挥上起到重要作用。

政治营销是融合市场化理念，借用价值交换原则，运用各种媒体或商业舆论机构，采用形象包装等方式，着力扩散政治人物、政治机构影响力的一种政治传播形态。

伯内斯认为，政治家要学会商业宣传术，提高自己的社会影响力，“如果政治家学会了如何形塑选民的思想，并将自己的公共福利和公共服务方面的观点与观众需求融为一体，那么他就不必成为公众偏见的奴隶。对于我们这个时代的政治家来说，重要之事不是如何取悦公众，而是要知道如何影响公众。”① 伯内斯的如何影响公众，是指政治营销要细分政治市场，了解营销对象的政治需求，投其所好，提供营销对象需要的政治产品。

在西方，经营政治营销的大众传媒，刊登或刊播政治广告或出卖版面或节目时间之外，还有经营性的舆论机构或公司，有公共关系公司、游说公司、民意测验机构、思想库等，也负责政治营销。

在西方，公共关系公司扮演着政治营销的重要角色。政治人物、政府往往求助公关公司的宣传性、咨询性策划，以提高自己的声望，扩大其影响，甚至政治人物要公关公司修正言谈仪表，以

① ［美］爱德华·L. 伯内斯. 宣传［M］. 胡百精，董晨宇，译. 北京：中国传媒大学出版社，2014：53.

获得公众的赞誉和尊重。学者弗雷德·L·帕尔说："对研究公众意见的人来说，他们的主要任务是了解、测定、分析和评价舆论，而公关人员的作用是建设性地协助人们去对付公众舆论的力量。"①

游说公司是政治营销的又一种方式。公司组织一批说客，在议院外推销他们的政治家雇主提供的政治观点和意见，以影响议会。

民意测验是政治营销的另一种方式。民意测验的数据能帮政治家引导社会舆论，考察公众的政治态度，也成为政治家们竞争和斗争的手段。美国学者劳伦斯·雅各布斯认为："舆论调查演变为总统及其顾问的一种操纵工具，源于民意测验最初的反冲效应，即民意测验被视为大众态度的晴雨表，官员们在提交新建议或调整现行政策之前，可以借此认识公众态度，使政府的官员们对大众的政策偏好变得越来越敏感。"②

思想库是为政府、政党提供决策思想的智囊团，他们为政治家生产政治思想，然而通过他们主办的报刊进行营销，或者采取人际交流的方式进行推销。美国学者理查德·哈斯说："思想库要充分利用多种渠道和市场策略——出版各类文章、书籍和不定期论文；不定期出现在电视、杂志和报纸、访问中"以推销观点与建议。③

西方学者也认识到政治营销也有悖论：政治营销本是政治民

---

① ［美］杜·纽萨姆，艾伦·斯各特．公共关系与实践［M］．罗建国，梅德明，吴友富，译．上海：上海译文出版社，1989：53.

② 参见刘建明．舆论场、宣传场与"舆论机构"的种种悖论［J］．新闻爱好者，2014（10）.

③ ［美］理查德·哈斯．思想库与美国的外交政策：一个决策者的观点［J］．国际论坛，2003（11）.

主化的产物，但政治营销又强调政治的市场化，没有市场化、商业化，就没有政治营销。因此政治营销存在着民主和商业的二律背反，如何处理好二者的平衡关系，是个难题，特别在西方国家，各利益集团常将政治营销作为一种谋利的政治操弄，政治营销就可能误入歧途。

（三）政治传播异化研究

近年来，以美国为代表的西方国家，在新闻传播中出现了一种“后真相”现象。“后真相”在政治传播中的概率很高，使得政治传播发生异化。

“后真相”一词，是伴随着2016年美国竞选出现的一个热词，也可以说是西方政治传播中产生的一个新词，并在西方传播学界引起广泛的研讨。

“后真相”，2016年被《牛津英语词典》选为年度热词，它的明确定义为：诉诸情感与个人信仰比陈述客观事实更能影响民意的精神状况。澳大利亚悉尼大学教授、国际著名学者约翰·基恩进一步阐述为：“越来越多的人倾向于忽视事实，甚至愿意接受明显的谎言。所谓的‘后真相’‘后事实’都在强调一种现象，即政治和社会讨论日益倾向于以情感而不是事实为主。……不能简单地将其定义为真相的对立面。”“我多次提到这四个维度的理解（谎言、胡扯、插科打诨和沉默）。”比如美国总统唐纳德·特朗普宣称在其就职典礼期间天气晴朗，实际上他所在地区有小雨。他深知自己在说谎，但显然他并不在意。胡扯更多表现为“‘一个人妄图使他人相信他是一个品行端正的人’，往往伴随着废话、吹牛等缺乏营养的口头排泄物。而插科打诨指那些吸引和转移公众注意力的笑话和吹嘘，如玛丽娜·勒庞（2017年法国总统候选人）将欧盟描述为‘一个巨大的监狱’，以此来吸引人们的注意力，但记者追问时，发言者又会马上说‘下一个问题’……新闻记者的沉默最直观的结果就是新闻报道的误导性。”[①]

美国社会评论家基恩在他的“后真相时代”的畅销书中指出，用这个概念概括了当代美国社会的各种文化病灶：诚信下降，撒谎变成日常语言，操纵和形象管理成为艺术，叙事胜过事实等。

西方学者普遍认为，“后真相”的“后”，首先在于解构，它解构的是“真相体制”。“后真相”并不强调信息准确与否的重要性，而是倾向于选择那些适合自己思想和情感的信息。正如《经济学人》那篇著名的文章《谎言的艺术》所说，“后真相”之所以“后”，是因为真实与否已经降到了次要位置，不同的人群只选择相信符合他们各自偏好的信息。[②] 事实已经让位于情感、观点和立场。

西方学者认为，要警惕“后真相”与民粹主义合谋。民粹主义善于利用民众的情绪鼓动社会运动。约翰·基恩认为：当越来越多不同的观点通过不同的媒体平台得以传播，有些民粹主义者会不断地说“我知道什么是真相”“我知道才是真相”，民粹主义借此大行其道，而很多人会相信领导人的绝对正确。“我们看到，民粹主义者经常许以公众美好未来，有些人因这些诺言而陷入民粹主义的泥沼。”[③]

“后真相”主要在网络上流行。在网上，人人都是记者，都

① 肖珺，单波，杨家懿. 数字通信革命视角下的后真相反思［J］. 新闻记者，2018（8）.

② 参见王维维. 什么是真相？谁的真相？［J］. 新闻记者，2018（5）.

③ 肖珺，单波，杨家懿. 数字通信革命视角下的后真相反思［J］. 新闻记者，2018（18）.

可将自己看到的、主观上认识到的真相发表出来。一个事实往往有无数个真相。谣言在网上流行，是因为网上无把关机制。为此，西方学者呼吁要成立事实核查机构。“事实核查新闻”便是这种呼吁的积极响应。根据杜克记者实验室2018年的统计，在以往短短的四年间，全球事实网站的数量上升了239%，从44家一下增加到149家。世界各地越来越多的有识之士加入阻止网络谣言的队伍，努力防止虚假信息干扰大众的政治判断。[①] 但是，人们面对如潮水般涌来的虚假信息，感到事实核查会难以抵御，不免有些悲观。

2020年4月下旬，美国媒体曝出，美国共和党有专人起草了一份脚本。在2020年大选中，共和党总统竞选者面对记者提问特朗普总统防治新冠肺炎不力时，一律回答：第一是中国通报不及时；二是民主党拜登与中国友好等。一个执政党竟然如此肆无忌惮地写好制造假新闻的脚本，告诉别人如何制造和扩散假新闻，可见美国“后真相”现象发展到多么严重的地步。

二、我国的新闻政治传播研究

我国的新闻政治传播研究稍晚于西方，但政治传播实践，却远远早于西方，类似于政治传播的研究，也古已有之。虽然当代的政治传播研究晚了一步，但研究的广度与深度超过西方。其研究指向主要表现在以下诸方面：

（一）政治传播的基础理论研究

政治传播的基础理论研究，是政治传播的策略方式层面深入

① 参见王维维. 什么是真相？谁的真相？[J]. 新闻记者，2018（5）.

研究的有力支撑，也是政治传播进一步研究的前提。近年来，有关政治传播的基础理论研究取得了一定成果。

1. 政治传播的概念

在我国，有研究者认为："政治传播是政治主体与社会主体之间通过传送和交换政治信息，得到所需要的政治效果的过程。"同时指出："自媒体"出现以后，彻底改变了信息的生产和接收方式，各国的政治传播进入了以"web2. 0"为主导的"政治2. 0"时代，而诞生于这一时代背景的社交媒体，重新定位了政治传播在社会公共领域中的作用，颠覆了传统媒体在政治参与中的时空鸿沟，为普通民众提供了参与政治活动、发表个人政治意愿的舞台。①

2. 政治传播的内容

学者荆学民认为，政治传播的内容可以笼统地称为政治信息。政治传播中流动的主要是"观念形态"和"潜在形态"的政治信息。观念形态的政治信息主要是意识形态，潜在形态的政治信息主要是政治价值和政治文明。把政治传播设想为一个圆，其表层结构是意识形态，中层结构是政治价值，深层结构为政治文明。②

学者施惠玲等认为，政治传播，既传播政治信息，也传播政治话语，但更多的时候是在传播政治话语。政治信息是关于政治活动、过程和结果的具有较强客观性的事实内容；政治话语是政

① 参见韩娜. 社交媒体对政治传播影响的研究［J］. 新闻记者，2018（8）.

② 参见荆学民. 关于政治传播内容的理论思考［J］. 南京社会科学，2016（3）.

治活动、过程和结果具有强烈主观意图和目的的意识形态内容，是服务于政治权力关系的意义和目的的直接表达。政治话语不仅仅是一种表达政治信息的“中介”，同时也是与政治信息并列的政治传播的内容。①

施惠玲等还认为，政治信息与政治话语的区分是从政治宣传走向政治传播的基本表征。政治宣传以传播政治话语为主；政治传播以传播政治信息和政治话语并重。②

以上两位学者关于政治传播内容的表述不尽相同，有利于我们从不同视角来探究政治传播的内容。

3. 政治传播的功能研究

学者荆学民认为，从理论上讲，政治传播具有构建政治合法性、形成公共舆论、推进政治民主三大功能，又指出：不同的政治发展阶段和不同的政治生态对于三大功能的倚重程度有所不同。比如，以政治宣传为核心的政治传播模式更着力于政治合法性的构建与维系，而以政治沟通为核心的和以政治营销为核心的政治传播模式，更着力于形成公共舆论，推进政治民主。③

施惠玲、杜欣则分别从政治信息和政治话语来论述其功能，指出：传播政治信息对政治系统的良性运行具有重要的作用。传播政治信息的作用还表现在，能够减少蛊惑人心的政治谣言，为政治理性、为公共利益提供必要的基础。在政治传播中，意识形

① 参见施惠玲，杜欣．政治传播内同中政治信息与政治话语的区分及其意义［J］．南京社会科学，2016（3）．

② 参见施惠玲，杜欣．政治传播内同中政治信息与政治话语的区分及其意义［J］．南京社会科学，2016（3）．

③ 参见荆学民．政治传播活动论［M］．北京：中国社会科学出版社，2014．

态作为政治话语，不仅通过语言词汇、语法的选择和使用得以体现，也可以通过非语言，如图像等其他符号象征系统中的资源的选择和使用来体现。①

一个音调、一个代词、一个标题、一个话题、一个词组、一个隐喻、一种颜色、一个摄像机镜头等话语符号，都会同社会权力关系中笼统抽象的事物联系在一起。② 由此可见，意识形态可通过政治话语的多种表现形式来实现其有力地影响着政治传播的全过程。

4. 相关概念阐释

（1）政治动员。学者荆学民认为，政治动员在中国共产党领导中华民族伟大复兴的历史进程中发挥了不可替代的重要作用，彰显了中国共产党的伟大政治智慧和极强的政治凝聚力。但是，单一的政治动员却不能完全实现政治传播，政治动员不能也不应成为政治传播的常态机制。政治动员一般在国家处于严重危机的逆境下使用。③

政治动员一般是指把政党和国家意志向整个社会强力推行的过程。它是从上至下的单向传播，往往是将政党和政府的指令、部署、行动、安排等政治信息与政治话语传播给民众，让民众行动起来。在2020年发生的新冠肺炎的公共卫生危机事件，中央政

---

① 参见施惠玲，杜欣．政治传播内容中政治信息与政治话语的区分及其意义［J］．南京社会科学，2016（3）．

② 参见施惠玲，杜欣．政治传播内容中政治信息与政治话语的区分及其意义［J］．南京社会科学，2016（3）．

③ 参见荆学民．探索中国政治传播的新境界［J］．中国人民大学学报，2016（6）．

治局常委多次开会，习近平总书记亲自指挥部署，“打赢疫情防控的人民战争、总体战、阻击战”等宣传话语在全国各种媒体爆发，动员了全国人民积极参与抗疫战争，取得了抗疫的阶段性胜利。

（2）对话与倾听。对话和倾听是政治传播中的重要环节，它是政治沟通的主要手段。

“对话”作为人际传播和交往的基本方式，其实际就是基于信息的互动。从传播效果来看，点对点的交流因其对象化、互动性、情感诉求、解决实际问题等特征而更具有说服力和引导力，从而更易产生态度的改变。①

有学者认为，中国哲学有着爱好发表对话和互惠知识的本能倾向，中国传统文化尊崇的圣人提供方法，帮助他人实现自己界定的幸福。② 孔子、老子、庄子曾尝试通过和学会对话的形式，探讨问题，获取知识。对话的目的在于形成共识，找到一个能双赢的办法。

对话引入政治传播，用面对面的双向交流，作为单向宣传的重要补充，可以获得更好的传播效果。

倾听，是政治沟通中与对话有直接关系的环节。有研究者检索《国际倾听期刊》，关于倾听的定义林林总总，多数学者相信倾听是以行为方式进行的认知活动。有学者指出，除了认知和行为的维度，倾听还离不开情感的介入。其中认知维度是指听者对所听到信息的注意、理解、接受、解释；情感维度是指听者从信息中感受到的情感温度以及由此产生的情感共鸣，如悲愤、感动

---

① 参见董子铭. 宣传·说服·对话. 舆论引导的路径叠进［J］. 当代传播，2015（2）.

② 参见赵汀阳. 没有世界观的世界［M］. 北京：中国人民大学出版社，2005：102、108.

等；行为维度则是听者对信息的理解、解释、情感反应，作出的回应行为。①

因此，作为对话的双方，一方在说话，另一方如果认真倾听，前者会因这种尊重而受到鼓励，更加认真说话给对方听；反之，乙方说话对方充耳不闻，则后者会关闭对话，并且决定今后你说话我也不听了。②

在政治沟通中关于政治话题对话的倾听，一般在官民之间进行，政府官员的认真倾听，更为重要。有研究者论述了它的重要意义：首先，良好的政治倾听可以创建官民亲密关系；其次，良好的政治倾听可以赋权于民众，提高其成就感和对政府的信任度；再次，良好的政治倾听可以提高决策的科学性；最后，良好的政治倾听是形成良性政治互动的前提。③

为此，有研究者表明，需要创造一种对话，鼓励人们倾听而不是发言，借助于对话使得双方的思想和问题得以质问和讨论，在引导对话中产生建设性成果。④

（二）关于政治宣传的研究

政治宣传，一直是中国共产党和政府进行政治传播的主要形态，它的政治动员作用十分明显。在推翻旧政权建立新政权，赢

---

① 参见杨道．倾听：当前中国政治沟通的薄弱环节［J］．国际新闻界，2017（2）．

② 参见杨道．倾听：当前中国政治沟通的薄弱环节［J］．国际新闻界，2017（2）．

③ 参见杨道．倾听：当前中国政治沟通的薄弱环节［J］．国际新闻界，2017（2）．

④ 参见张小娅．对话的重要性：国际传播中的理解与接受［J］．清华大学学报，2018（1）．

得抗日战争胜利中，政治宣传的战争动员力量巨大；新中国成立后在保卫政权、巩固政权中作用突出；在社会主义建设中应对自然灾害、公共卫生事件显示出巨大的力量。中国的政治宣传历史悠久、经验丰富、方式多样、研究成果突出。

1. 宣传学研究

我国在半个多世纪的政治宣传实践中，逐渐形成了一门新的学科——宣传学。由李良荣、高冠刚、裘正义编著的《宣传学导论》，由福建人民出版社于1989年出版。该书分别从宣传学的基本原理、宣传活动史、宣传工作原则、宣传媒介和宣传方法等方面进行了论述。该书认为，从最广泛的含义来说，宣传是一种扩散信念，操纵表述来影响人们行动的技巧；宣传意味着把事实转变为一个主义。由此，作者给宣传下的定义是：宣传是运用各种有意义的符号传播一定的理念，以影响人们的思想，引导人们的行动的一种社会行为。该书对宣传的功能也做了阐述：宣传能够维护社会秩序，促进社会的稳定。

与学界李良荣等编著的《宣传学导论》不同，《宣传学概论》，又名《中国共产党宣传学概论》，则是由业界沈一之主编、薛启亮副主编编著，河北人民出版社于1989年出版。该书多从实践的层面，系统地总结了中国共产党半个多世纪以来的宣传工作经验，从实践上升为理论，为各级宣传部门和有关院校培训宣传理论干部和政工干部提供了一本较为完整的教材。该书分为上下册，七编二十五章，第一编介绍了党的宣传学是一门综合应用学科，党的宣传工作性质、地位和作用、历史经验、发展趋势；第二编论述党的宣传工作的理论基础和基本特征；第三编介绍党的宣传工作的指导方针、目的和任务；第四编探讨党的宣传工作范围、类型和职能；第五编研究党的宣传工作实施过程和运作机制；第六编论述党的宣传队伍和阵地建设；第七编阐明党的宣传工作的组织管理原则、手段和方法。该书操作性强，培养了大批宣传干部，也成为党的宣传干部的工作指南。

在我国，党和国家领导人均十分重视宣传，毛泽东、刘少奇、邓小平、江泽民、胡锦涛、习近平，对党的宣传工作都有过重要的讲话和批示。他们就中国共产党的政党宣传、政策宣传、战略宣传、新闻宣传，以及宣传的党性原则、宣传的策略艺术、宣传队伍建设等，几乎宣传的方方面面都有论述。

2. 新闻舆论工作：政治宣传工作重点转移研究

进入网络时代，出现了“新闻舆论”概念，“在新时代成为指代党领导的新闻和宣传事业的常用概念”。[①] 这一概念频频出现在过去本应出现“新闻宣传”的文中，比如2016年召开的党的新闻舆论工作座谈会，特别频密地出现在习近平总书记的讲话中。陈力丹学者指出，这个概念显现了网络时代对党的宣传工作重点转移的认识。[②] 这也是党的宣传工作的深入发展。无论是人际舆论场、自媒体舆论场还是传统媒体舆论场，关注和引导这些舆论，成为新时代党的宣传工作的重点。人际舆论场的舆论，常受传统媒体和自媒体的新闻舆论的影响，因而新闻舆论又是党的宣传工作的重中之重。

习近平新闻舆论工作有关论述振聋发聩，耳目一新，引起新

① 陈力丹主编. 马克思主义新闻观百科全书［M］. 北京：中国人民大学出版社，2018：175.

② 参见陈力丹主编. 马克思主义新闻观百科全书［M］. 北京：中国人民大学出版社，2018：175.

闻工作者的高度关注。比如新时代党的新闻舆论工作的职责和使命：高举旗帜，引领导向，围绕中心、服务大局，团结人民、鼓舞士气，成风化人、凝心聚力，澄清谬误、明辨是非，联接中外、沟通世界。

习近平总书记指出，随着新媒体快速发展，国际国内、线上线下、虚拟现实、体制外体制内等界限愈益模糊，构成了越来越复杂的大舆论场，更具有自发性、突发性、公开性、多元性、冲突性、匿名性、无界性、难控性等特点。任何事物都有两面性，新媒体的发展也为做好党的新闻舆论工作提供了机遇。要主动借助新媒体的传播优势，完善运用体制机制，打通并用好同群众信息交流的新渠道。习近平对我国舆论格局新变化的论述，为我国政治宣传工作做了有力的导引。学者唐绪军指出：从学理上讲，新闻和舆论本不是一回事，新闻是对事实的报道，舆论是公众对事实的意见。在大众传播时代，这两者是泾渭分明的，有关事实的报道属于新闻学的范畴，而有关舆论的研究属于传播学的范畴。但是，进入互联网时代，既有的大众传播格局被打破了，新闻学与传播学的边界也模糊了。随着社交媒体的迅速普及和广泛应用，人人可以向公众提供事实，人人可以对事件发表意见和观点，新闻可以引发舆论，舆论也可以成为新闻，并且新闻和舆论往往因同一事件相伴而生，相互交织。这是互联网时代新闻和舆论迥异于大众传播时代的新特征。因此，在习近平新闻思想中加强对新闻舆论的管理就是非常重要的一项内容。[①] 这也就是为什么我国政治宣传由生产观点和意见的单向传播，改变为用正确先

① 参见唐绪军．把握两个要点 领会两个重点——学习习近平新闻思想的体会［J］．新闻记者，2018（7）．

进的观点和意见，回应和引导互联网上的新闻舆论的历史缘由。

（三）中国政治传播的特色研究

中国的政治传播，除了传播内容截然不同外，其传播方式也不大相同。中国政治传播具有下列特色：

1. 媒体的国营，不为私人资本所左右

中国的传统媒体，一直没有开放私人资本，包括外资进入的口子。媒体的公营，保证了共产党党管媒体，政党宣传、政党方针政策的宣传得到保障，同时社会效益第一，排除商业主义干扰的原则牢固树立，保证了我国的政治传播健康运行。

学者赵月枝指出："新闻媒体的非私人资本所有和控制原则以及传播的社会效益第一原则，应该是社会主义新闻传播业的根本原则，中国特色新闻学不容许私人资本拥有新闻媒体，尤其不能让跨国资本家在中国拥有媒体，应该是中国共产党需要守住的底线。"①

在西方，大多媒体私营，私人资本控制了媒体，媒体的政治传播受经济利益的摆布。

2. 群众路线：全党办报、全民办报

形成于20世纪中叶的中共群众路线，内涵包括两个方面："一切为了群众，一切依靠群众"的群众观点和"从群众中来，到群众中去"的工作方法。

学者李海波认为：群众路线的理论和实践堪称中国革命获得

---

① 赵月枝. 全球视野中的中共新闻理论与实践［J］. 新闻记者，2018（4）.

奇迹般胜利的一大法宝。与此同时，“群众路线”包含着独特的政治参与思想，是一种符合中国传统的民主形式，在二十世纪中期曾经有力地挑战和抗衡了西式民主。①

在新闻界，“全党办报、全民办报”则是对群众路线很好的贯彻。学者赵月枝指出：“全党办报、全民办报”是中国共产党新闻学的重要内容和独特传统。用西方传播学话语来解释，这一传统就是参与式传播。相对于精英主义和专业主义，参与此传播是所有传播模式中最民主的，也是得到互联网时代证明的、支撑的。这是群众路线作为政治传播的模式。②

全党办报，要求领导干部，包括党的第一书记都看报、写新闻、提意见。毛泽东就带头全民办报，组织一线的工农群众，组成通讯员队伍，为报纸写稿、供稿。西方到21世纪才提倡“公民新闻”，而我国的全党办报、全民办报的提出早半个多世纪，而且理念与实践更为先进。

3. 以人民为中心

2013年8月19日，在全国宣传思想工作会议上，习近平总书记发表关于新闻工作的讲话，首次明确提出了“以人民为中心的工作导向”。随后，“以人民中心”的思想经过习近平总书记一系列的实践与论证，推及党和工作的所有领域，在党的十九大上概括为中国特色社会主义基本方略的第二条。③ 自然，“以人民为

① 参见李海波．“群众路线”的历史，逻辑与挑战［J］．新闻记者，2015（9）．

② 参见赵月枝．全球视野中的中共新闻理论与实践［J］．新闻记者，2018（4）．

③ 陈力丹．坚持党性，尊重规律，以人民为中心——习近平新闻舆论观的两个要点和一个落脚点［J］．新闻记者，2018（7）．

中心”也成了政治传播的工作导向，也是中国政治传播的一大特色。而且它是与马克思的人民性与毛泽东的为人民服务一脉相承的。习近平总书记以自己的言行践行着他提出的关于人民性的内涵：“把实现好、维护好、发展好最广大人民的根本利益作为出发点和落脚点，坚持以民为本、以人为本。”①

政治传播的“以人民为中心”，就是其传播的内容满足人民群众政治生活的需要，又能提高人民群众的政治素养；传播的形式能让人民群众喜闻乐见，又能积极参与。

4. 政治需要与新闻规律的契合

1989年，习近平总书记在福建工作时，写过一篇文章《把握好新闻工作的基点》，他指出“新闻学作为一门科学，与政治的关系很密切。但不是说新闻可以等同于政治，不是说为了政治需要可以不要它的真实性，所以既要强调新闻工作的党性，又不可忽视新闻工作自身的规律性。”②

新闻学者童兵指出：“在执行正面宣传为主方针的过程中，最重要的是务必真实报道，新闻评论也必须依据事实发表。习近平指出，这是一个重大问题。”真实性是新闻的生命，事实是新闻的本源，虚假是新闻的天敌。他借用马克思说过的话，要根据事实来描述事实，不能根据愿望来描述事实。③

---

① 陈力丹．坚持党性，尊重规律，以人民为中心——习近平新闻舆论观的两个要点和一个落脚点［J］．新闻记者，2018（7）．

② 陈力丹．坚持党性，尊重规律，以人民为中心——习近平新闻舆论观的两个要点和一个落脚点［J］．新闻记者，2018（7）．

③ 参见童兵．马克思主义新闻观中国化的典范——学习《习近平新闻思想讲义》［J］．新闻记者，2018（8）．

在西方，用虚假事实来进行政治传播，历史上有法西斯信奉的“新闻等同于政治”，为他们造假说假开辟了道路。当下有美国信奉的“后真相”，为了政治的需要，一些政客可随意嫁祸于人，完全不顾事实，只管主观愿望。

5. 坚持正面宣传为主和倡导式新闻

长期以来，我们的新闻工作，坚持以正面宣传为主、团结稳定的基调为宣传工作方针。政治传播的内容，更是以正面积极的事物为主，以倡导性新闻为主。

近年来，习近平总书记在新的更高层面对正面宣传进行解读，学者童兵认为：为什么要强调团结稳定鼓劲、正面宣传为主？习近平总书记讲得简单而明了：一方面，我国社会积极正面的事物是主流，消极负面的东西是支流，要突出正面和主流，集中反映社会健康向上的本质。另一方面，我们正在进行具有许多新的历史特点的伟大斗争，面临的挑战和困难前所未有，必须激发全党全社会奋勇前进、攻坚克难的强大力量，调动各方面的积极性、主动性、创造性。这样，党的新闻舆论工作才能起到应有作用。①

对习近平总书记关于如何做好正面宣传的讲话，童兵继续指出：最重要最精彩的是，习近平总书记对当前语境下怎样坚持正面宣传为主方针，怎样让正面宣传的水平不断提高，做了全面和深刻的论述，他说，正面宣传要用心用情做，让群众爱听爱看，不能搞假大空式的宣传，不能停留在不断重复喊空洞政治口号的

① 参见童兵. 马克思主义新闻观中国化的典范——学习《习近平新闻思想讲义》[J]. 新闻记者，2018（8）.

套话上，不能用一个模式服务不同类型的受众，那样的宣传只能适得其反。①

习近平总书记关于正面宣传的论述不但完全适用于政治传播，而且正面宣传已成为我国政治传播的一大特色，并正在按习近平总书记的论述不断改进和提高。

关于倡导性新闻，学者赵月枝认为：中国共产党的新闻报道以正面新闻和正面舆论引导为主，也是历史逻辑和理论逻辑相统一的。历史上，当年延安《解放日报》改版有一项重要内容，就是报道在大生产出现的新人新事。理论上，要建设一个新的社会主义社会，就必须用社会主义核心价值观引领社会，用社会主义的新人新事促进社会主义建设。也就是说，要移风易俗，就要有新的思想和观念，媒体应当倡导这样的东西。②

今日中国的政治传播，倡导性新闻，典型报道已成为一大亮色。

赵月枝还说：在资产阶级社会里，针对建立资本主义社会的舆论倡导已经完成了，媒体除了引导人们消费，帮资本家实现剩余价值外，不可能去倡导批判资本主义的新价值体系了，所以主要以负面报道，也即报道对现有社会规范背弃的现象为主打。③

---

① 参见童兵．马克思主义新闻观中国化的典范——学习《习近平新闻思想讲义》[J]．新闻记者，2018（8）．

② 参见赵月枝．全球视野中的中共新闻理论与实践［J］．新闻记者，2018（4）．

③ 参见赵月枝．全球视野中的中共新闻理论与实践［J］．新闻记者，2018（4）．

三、本书的研究宗旨及思路

本书以马克思主义新闻观为指导，遵循马克思主义新闻观中国化的典范——习近平新闻舆论思想，观照我国的政治传播。期望在实践层面，为中国新时代政治传播系统框架的建构贡献一份力量。

作为一个地方主流传统媒体的工作者，从事政治传播二十余年，有诸多体会和感受。进入新时代，环境变了，受众的思想进步了，深感政治传播的社会责任担当更重了。面对新时代，传统的政治传播在不断适应环境的变化，在传播形态，在操作实践上，体现了我国的高度智慧和创造力。及时总结这些传播效果和经验，从中得到启发，以利政治传播充分发挥正能量，避免政治传播的非传播现象，作为有切身体验的媒体人，感到责任的紧迫和重大。

本书的大体思路是：着眼于中国政治传播传统历史的梳理；着眼于新时代政治传播环境的变化；着眼于新时代政治传播的追求目标；着眼于传统媒体政治传播的改进；着眼于媒体融合背景下的政治传播方式。整个思路的视角从传统媒体出发，重心在传统媒体的政治传播论述。基本不涉及党和政府关于政治内容的组织传播。

第一章

我国政治传播的历史回望

我国的政治传播，有着悠久的历史。起源于东汉时期的“露布”和“檄文”，就已开始政治传播。之后出现的“宋代邸报”，清末出现的“通电”，以及民国时期的报纸，一路走来，政治传播的功效日益凸显。直至大革命时期中共报纸，经整顿和完善，政治传播的功能进一步强化。新中国成立前后两次战争动员彰显政治传播的巨大效应。

第一节　古代“露布”“檄文”和邸报的政治传播功能

一、“露布”的诞生及政治传播作用

“露布”，唐朝封演所著《封氏闻见录》作出的解释是：“露布，捷书之别名也。诸军破贼，则以帛书建诸竿上，兵部谓之露布。盖自汉以来有其名。”此说被《文章缘起》中的记载所佐证：

“露布，汉贾洪为马超代曹操做。”早期的露布，有同“檄文”混同使用的现象。三国时期，战乱频繁，这个时期的露布有时作檄文用。檄文则是在战前动员用，宣示敌方的罪恶，讨伐的缘由，宣扬我方的军威，以鼓励士气。用作檄文的露布，最早见于《三国志·魏书·王肃传》：“后马超反，超劫洪，将诣华阴，使作露布。洪不获已，为作之。司徒钟繇在东，识其文，曰：‘此贾洪作也。’及超破走，太祖召洪署军谋掾。犹以其前为超作露布文，故不即叙。”[①] 让战败的一方为战胜者作露布，则与庆祝捷报相似。

战争，是政治的最高表现。无论是作为檄文的露布还是作为捷报的露布，都是树立政治威信和军事动员的宣传武器。

到了隋朝，露布进一步成熟并多元化，它的政治功能更加凸显，被礼仪化成为一种宣扬国威实力和鼓舞士气的工具和仪式。隋文帝时，指派专人制定“宣露布礼”，唐代继承这种“宣露布礼”成为其军礼之一；露布有时成为公布官方祭祀、治丧等的工具，借以显示官方的重视程度；遇政局动荡时，露布也可以宣示官方的政治态度；露布有时也成为地方势力向朝廷施压制造舆论的工具。《后汉书·杜栾刘李刘谢列传》中就记载云素刚冒死以公开奏章的形式——露布向皇帝表达意见。有学者考证认为“不封而奏，就叫露布，或称露板（版）露章。”[②]

到了唐宋时期，随着邸报、榜的出现，露布在政治传播中的地位与作用被取代。

---

① 三国志·魏书·王肃传［M］. 裴松之注引贾洪生平. 郑州：中州古籍出版社，1996：187.

② 徐明. “露布”考释［J］. 河北大学学报（哲学社会科学版），1997（2）.

二、宋代邸报的发展及政治传播的功能

宋代邸报由唐朝的进奏院报状发展而来。宋代是中国皇权专制时代新闻传播事业的一个高峰时期。在宋初，有过奏院报，报状，邸报，后发展为朝报，朝报后又成为小报，呈现出官报与民报竞相争艳的局面。但邸报因其出版历史最久、持续时间最长，成为宋代报纸的代表。①

宋代邸报是一种官报，它面向在京百司的官员和路、州、县各级机构的官员发行。除了这些基本读者外，还有如致仕官员、胥吏、知识分子、官员亲属等扩散型读者群。

宋代朝廷发行邸报的目的，主要在于通过邸报约束管制官员，故邸报上常刊载官员升迁贬谪的政治信息，以及政策法规、人事变动、朝廷动向等。如熙宁变法时期，朝廷党争迭起，制度更易不断，“四方切欲闻除改及新行诏令”，急切期望从邸报上获取政治信息，好决定自己的态度。

因为宋代的主体读者群是士大夫、知识分子，他们是社会精英，加之规模庞大，很容易形成社会舆论主体。“宋代实行以文御武的治国方针，不仅入仕的文人政治地位很高，就连身在江湖的在野文人也一样受到朝廷尊重。每遇异常天象、重大灾难等危机事件，皇帝都要面向民间下诏求言。有时朝廷还要命令各州县，推举遗落乡间的名士。向其咨以当时急务，询以治国圭臬。”由于在朝士大夫、在野文人的政治地位高且拥有新闻接收机会和言论表达权，围绕邸报发行便形成了前所未有的信息流通模式：

① 参见魏海岩，徐一铭，云浩桐．宋代邸报读者特点及其影响［J］．新闻与传播评论，2018（5）．

朝廷出台政策后，邸报加以刊载，以士大夫文人为主体的邸报读者，阅读后通过交往讨论，通信笔谈等形式发酵成为舆论；由某位（某些）士大夫、文人通过上书、面奏等渠道反馈给朝廷；朝廷根据舆论做出相应的政策调整。①

这份邸报，在政治传播中既起到了宣示朝廷的政策、法纪、用人标准等政治宣传的作用，又联系了社会精英政治参与，并起到朝廷与社会进行政治沟通的功能。

宋代邸报的另一个历史功绩，是邸报发展到朝报，就引发了社会小报的诞生。咸平二年（999 年），邸报实行定本制度，导致报纸的时效性下降。于是，有人就冒着违法的风险，将未经送审定本的“邸报稿”伪装成家书提前发放至地方官手中。甚至市面上出现了买卖朝报的现象。这种未经审阅的“邸报稿”，就成了小报的雏形。

小报的诞生得益于邸报培养了一大批关心时政的读者，有需求才有市场，稳定的读者市场奠定了小报诞生的基础。

第二节　清末的民报与官报的政治传播

清朝末年，即十九世纪末至二十世纪前十年，政治风云激荡，以康有为、梁启超为代表的变法、维新、立宪派成为清末社会舆论的主流，一群先知先觉的知识分子，利用民间办报传播自己的政治主张，而清政府在镇压也无法改变舆论主流的情况下，

① 参见魏海岩，徐一铭，云浩桐．宋代邸报读者特点及其影响［J］．新闻与传播评论，2018（4）．

选择了创办官报，以图控制舆论。民报与官报在清末的政治传播中形成对垒之势。

一、民报张扬西方政治制度和政治文化

十九世纪末，具有先进思想的知识分子，如梁启超认为，自鸦片战争以来，中国受辱数十年，最大的原因是闭塞不通，一是上下不通，二是内外不通。由于内外不通，国内之事不能传于外，国外之事不能闻于内（梁启超：《论报馆有益于国事》）。严复也认为："昧于外情，则坐井而以为天下，扪籥而以为驲圆；若是者，国必危。"（《国闻报》缘起）维新派人士认为，国人"去塞求通"，最好的办法就是创办报刊。[①]

1896 年《时务报》创办，通过大量的政论文章，呼吁向西方学习，倡导变法维新。1898 年《清议报》在海外创办，1902 年《新民丛报》正式诞生，宣布它的办报宗旨是：不遗余力宣扬西方政治文化，对国人进行反封建启蒙教育。浸以"开民智""开官智""开绅智"，要让西方的政治文化浸润人的心。就连当时商业化的报纸《大公报》也以"开风气，牖民智，挹彼欧西学术，启我同胞聪明"。[②] 以迎合社会主流思想，赢得报纸市场。

这些民报的开办，有利于解决上下不通、内外不通诸问题，达到去塞求通的目的。

二、官报企望控制政治思想局面

晚清虽经三次维新，但小修小补难挽清政权的颓势。面对民

---

① 参见白贵，都海虹.《北洋官报》与清末官员的现代化［J］.河北学刊，2019（1）.

② 英敛之.大公报序［N］.大公报，1902－06－17.

报的鹊起，清政府受新思潮所裹挟，不得不办官报以应付新思潮，企望以此钳制舆论，控制政治思想局面。

1902 年 12 月 25 日，《北洋官报》在天津创刊，至 1912 年 2 月 12 日溥仪逊位停刊，共出 3050 期。《北洋官报》是袁世凯直隶政府的喉舌，在中央官报未创办之前，也代表中央政府的意志。中央官报——清政府的机关报迟至 1907 年才创办，名为《政治官报》，其影响力不及《北洋官报》。

1905 年左右，清政府下文推广《北洋官报》，各省的官报也纷纷创办，如《南洋官报》《湖南官报》《河南官报》《四川官报》等，但不少官报因种种原因难以为继，唯《北洋官报》历久不衰，成为当时官报的代表。

《北洋官报》，顾名思义，最主要最重要的读者群体是官员。如果说“开民智”是办民报的宗旨，而官报则以“开官智”为主旨。当时，社会舆论一直认为“开官智”是救亡图存、兴国兴邦的要义。梁启超认为“开官智，又为万事之起点。”① 所谓“开官智”，就是要扩张官员的眼界，放眼世界，了解各国可资借鉴的制度、政策、法规等。为此，《北洋官报》大量刊登外国新闻，尤以外国的政治新闻居多。

官报在“开官智”方面确实起到了一定作用，但其维护封建统治目的明显，因而为反对封建统治的民报所不齿。报业历史学家对官报评价不高。新闻史学者戈公振如此评价官报：“我国之有‘官报’，在世界上为最早，何以独不发达？其故盖西人之官报乃与民阅，而我国乃与官阅也。‘民可使由，不可使知’，为儒家执政之秘诀；阶级上之隔阂，不期然而养成。故《官报》从政

① 梁启超．梁启超文集［M］．北京：燕山出版社，1997．

治上言之，固可收行政统一之效；但从文化上言之，可谓毫无影响，其最佳结果，亦不过视若掌故，如黄顾二氏所为耳。进一步言之，官报之唯一目的，为遏止人民干预国政，遂造成人民间一种不识不知顺帝之则之心理；于是中国之文化，不能不因此而入于黑暗状态矣。”① 此外，学者普遍认为，《北洋官报》在传播西学方面，重格致之学，轻思想意识；重经济，少政治；重新闻，少评论等，也是其办报的重大缺陷。故历史对其评价不高。

第三节　中国近代政党机关报的兴起和通电的流行

一、政党报的兴起

康梁戊戌变法为中国近代政党机关报的兴起创造了良好的社会环境。“戊戌时期，改良派创办的报刊，最有影响的有《万国公报》《强学报》《时务报》《国闻报》《湘学新报》等。这些报刊的大量创办，开辟了中国报业发展的一个新时代。这不仅表现在报刊的数量和质量方面，也表现在办报的方向上。自此，报刊与中国近代政治运动和政治团体的结合就成为一种普遍现象，报刊引领政治运动由此渐成趋势。”②

正是在这种社会语境下，孙中山逐渐形成了比较系统的政党机关报理念，并付诸实践。由此可以认为，孙中山是中国近代政

---

① 戈公振．中国报学史［M］．北京：中国新闻出版社，1985.

② 李滨，郭玉格．革命话语逻辑与中国近代政党机关报观念的成形——以孙中山报刊论述为焦点［J］．新闻与传播研究，2015（4）.

党报刊兴起的先行者。

孙中山认为，报刊应是一个宣传主义、宣传革命、鼓动人心的革命言论机关。1900 年 1 月，被称为“革命党机关报之元祖”的《中国日报》创刊，1905 年 11 月，同盟会总部机关报《民报》在日本东京创办。在《〈民报〉发刊词》中，孙中山毫不隐讳办报的宗旨，就是宣传三民主义：“余维欧美之进化，凡以三大主义：曰民族、曰民权、曰民生……是三大主义皆基本于民，递嬗变易，而欧美之人种胥治化焉。”① 孙中山在《民报》创办一周年庆祝大会演说中进一步明确指出：“《民报》发刊以来已经一年，所讲的是三大主义：第一是民族主义，第二是民权主义，第三是民生主义。”② 孙中山再一次强调了党派之主义与报刊宣传使命结合的重要性。

除了总部的机关报《民报》以外，孙中山要求在国外创办的其他报刊，如《四川》《云南》《河南》《民生日报》《中兴日报》《光华日报》《大汉日报》等，都要围绕同盟会的政治主张、革命目标来办报办刊。

列宁曾经指出：“党的一切出版物，不论是地方的或者中央的，都必须绝对服从党代表大会，绝对服从相应的中央和地方党组织。不同党保持组织关系的党的出版物不得存在。”③ 列宁、孙中山两位革命家，对政党机关报的观念是如此接近，从中可以发现，他们从实践中已深刻认识到政党机关报，应该是以发布消息和言论、宣传自己的政治主张、政策，来影响社会舆论。也就是

① 孙中山．孙中山全集（第一卷）［M］．北京：中华书局，1981：288.
② 孙中山．孙中山全集（第一卷）［M］．北京：中华书局，1981：324.
③ 中央编译局．列宁全集（第十二卷）［M］．北京：人民出版社，1987：94.

说政党机关报要做好本党的路线方针等的政治传播。

从孙中山始，中国政党形成一条普遍规律，政党报必须成为政党事业的一部分，成为政党政治斗争的武器。

二、通电流行：民间的政治表达

通电或称公电，是民间团体或个人，向政府、官员、报社拍发的表达民间政治诉求的明码电报。它起始于甲午战争时，台湾民众拍发电报，表达对割让台湾给日本的严重抗议。

1895 年，清廷与日本签订马关条约，引起台湾人民的强烈抗议。台湾的爱国人士，以"全台绅民"的名义，向清政府总理衙门、南洋大臣、闽浙总督、福建巡抚及全台官员拍发了一封电报。5 月 25 日，《申报》全文刊登电文："敬秉者，台湾属倭，万民不服。迭请唐抚院代奏台民下情，而事难挽回，如赤子之失父母，悲惨何极！伏查为台湾已朝廷弃地，百姓无依，唯有死守，据为岛国，遥戴皇灵，为南洋屏蔽。唯须有人统率，众议坚留唐抚台仍理台事，并请刘镇永福镇守台南。一面恳请各国，查照割地绅民不服公法，从公剖断台湾应作何处置，再送唐抚入京，刘镇回任。台民此举无非恋戴皇清，以图固守以待转机。情急万紧，伏乞代为电奏。"①

此举开创了民众参与国家政治事务之先河，为民众与官员对话开启了一条新的通道，打破了以往民众的意见只能由官员代奏的旧框框。这样，民众的意见通过通电，可以直达朝廷。这封通电带动了整个晚清时期的民意表达，形成了甲午战争后声势浩大的上书运动。其中既有进京赶考的举子的上书，又有官员的

---

① 申报. 1895 - 5 - 25（第一版）.

上书。

1900 年 1 月 24 日，慈禧欲废光绪帝另立新帝。上海电报总局总办经元善联合上海 1231 名士绅，致电总理衙门，公开反对慈禧废黜光绪，并引发国内各地官绅士民及海外华侨纷纷致电，反对废立决定。

通电的使用者由士绅到官员乃至革命党人，越来越广泛。

1899 年 11 月，康有为等人，致公电请杀“三凶”及诛荣禄，电请光绪复政。[①] 孙中山、黄兴等革命党人，也经常利用通电发表对时局的看法。

1910 年 10 月 25 日，有总督、巡抚、将军逾十八人，由李经羲牵头，联名向军机处拍发公电，请求及早成立国会和责任内阁。

随着通电的广泛使用，通电发挥的功能也日益多样。由民众对官方某一政治事件的抗争到支持政府的某一决议。如 1906 年预备立宪的谕令发布后，全国许多城市拍发公电表示祝贺。自清政府废除结社的禁令后，全国的协会、商会如雨后春笋般涌现。这些商会、协会也常表达自己的政治诉求，当某些政府的决策关涉他们团体利益时，他们会发通电报表示支持或者反对。有时，政府也会运用公电来发布消息。如 1908 年 5 月 12 日，清廷通电各省武备学堂，要求增设炮工专科。

有学者认为，通电属我国特有的政治传播现象，这与当时的历史环境密切相关。清末封闭的上下政治传播体系，堵塞了民间政治诉求的言路。民间言路需要寻找出口，正好碰上电报这种新媒体介入中国，一拍即合。它的政治传播功能，也是清政府始料未及的。

---

① 参见桑兵. 庚子勤王与晚清政局［M］. 北京：北京大学出版社，2004.

第四节　新民主主义革命时期中共的政治传播

学者陈龙通过检索中共中央文献档案、资料，认为中国共产党从成立起，就树立了“宣传立党”的思想，重视报刊的政治传播作用。建党初期，虽未设专司宣传管理机构，但通过报社、出版社代行宣传管理职能，并由党管报刊，初步形成党管媒体思想。党的三大以后，颁布了《教育宣传委员会组织法》，中央宣传部是教育宣传委员会的下层机构。四大以后又成立中央机关报编辑委员会管宣传。1929 年 6 月 25 日，中央机关报编委会改为党报委员会，“党报姓党”初步形成。1943 年 4 月 20 日，中央政治局通过《中共中央关于中央机构调整及精简的决定》，中央党报委员会才不复存在，形成中央宣传部管辖文化、艺术、教育等领域的格局，成为中共意识形态领域的主管部门，掌管政治宣传。[①]

在中共宣传历史上，也出现过党报偏离党的政治路线而被纠正的事例。研究者齐辉、王雪驹论述了武汉时期《新华日报》与中共中央的分歧及其纠正。论文指出，1937 年 12 月 23 日，至 1938 年 9 月 26 日，王明任长江局书记并掌控《新华日报》，严重背离中共中央在国统区的抗日宣传路线，在政治宣传上长江局处于游离于中共中央路线之外。直至周恩来接管长江局，在他的指导下，政治宣传才重回党的正确轨道。论文指出：《新华日报》

---

① 参见陈龙．大革命时期中共宣传体系的建构与强国［J］．新闻大学，2019（4）．

政治宣传的拨乱反正经过，表明“党媒姓党”。任何个人任何时候，党报的政治宣传，必须服从于和服务于党的政治路线。[①]

1935 年 10 月 19 日，中共中央到达陕北吴起镇，开启了 13 年的抗战时期，直到 1948 年 3 月 23 日，毛泽东、周恩来、任弼时在陕西吴堡县东渡黄河，迎接全国解放。

抗战时期是中国共产党由小变大，由弱变强的转换时期；是中共党报思想和毛泽东新闻思想日臻成熟的时期，也是中共的政治传播排除干扰，逐步规范，从思想上保证政治传播的正确方向的时期。

这个时期发生了中国新闻传播史上的一个重大事件——延安整风与《解放日报》的改版。《解放日报》副刊上连续刊载了一些政治倾向存在问题的文艺作品，对整风运动造成不良影响，特别是王实味的《野百合花》。改版分三步进行：1942 年 4 月至 8 月，为版面改革；1942 年 8 月至 1943 年 3 月为确立党性观念；1943 年 3 月至 1944 年 2 月为树立全党办报观念。[②]

这个时期毛泽东新闻思想，实现了列宁的党报观念中国化的转变，主要解决了报纸的党性，报纸和人民群众的关系和宣传政策三个方面的问题。这是中国化的马克思主义新闻理论的一次伟大实践，中国化的马克思主义新闻学就是从这里起步的。[③] 毛泽东引导中国新闻事业走出了一条民族化、群众化的发展道路。[④]

---

① 参见齐辉，王雪驹．“党媒姓党”的历史诠释［J］．新闻记者，2017（2）．

② 参见吴廷俊．中国新闻史新修［M］．北京：复旦大学出版社，2006：340 - 342．

③ 参见宁树藩．马克思主义在中国的传播与党报的改造［M］．汕头：汕头大学出版社，2003．

④ 参见童兵．马克思主义新闻思想史稿［M］．北京：中国人民大学出版社，1989．

关于报纸的党性。1942 年 10 月 28 日，毛泽东在为中共中央书记处起草的给各中央局、中央分局的指示中强调指出："抓紧对通讯社及报纸的领导，务使通讯社及报纸的宣传完全符合于党的政策，务使我们的宣传增强党性，拿《解放日报》所发表的关于如何使报纸增强党性的许多文件去教育我们的宣传人员，克服宣传人员中闹独立性的错误倾向。"①

关于典型宣传。1944 年 3 月 22 日，毛泽东在《陕甘宁边区文化教育工作座谈会上的讲话》中指出："报上登些什么呢？比如我们这里出了个申长林，就把他的事迹登上，有一个陈德法也可以写上去……典型都可以经过报纸去宣传。"② 毛泽东这里所说的申长林、陈德法，都是当时陕甘宁边区的劳动英雄。

关于全党办报，全民办报。毛泽东在《陕甘宁边区文化教育工作座谈会上的讲话》中说："不但发行的报纸可以当做工作方式，墙报也可以当做工作方式。这也算是报，是墙报。……要把墙报办得又有革命的内容，又生动活泼，成为组织各机关工作的一种方式。……这样来办报纸，那末全边区可以有千把种报纸，这叫做全党办报。"③ 1948 年 4 月 2 日，毛泽东在《对晋绥日报编辑人员的谈话》中，进一步阐述了这一点，他指出："我们的报纸也要靠大家来办，靠全体人民群众来办，靠全党来办，而不能只靠少数人关起门来办。我们报上天天讲群众路线，可是报社

---

① 中共中央宣传部新闻局编．马克思主义新闻工作文献选读［M］．北京：人民出版社，1990：182.

② 中共中央宣传部新闻局编．马克思主义新闻工作文献选读［M］．北京：人民出版社，1990：186、195.

③ 中共中央宣传部新闻局编．马克思主义新闻工作文献选读［M］．北京：人民出版社，1990：186、195.

自己的工作都往往没有实行群众路线。”①

在毛泽东新闻思想的导引下，《解放日报》整改后，典型报道与“群众办报”在延安兴起。

典型报道是中国新闻报道在延安时期的一个创举，也是政治传播中一种中国独有的政治动员形式。《解放日报》关于生产模范吴满有的典型报道，影响很大。后引发了数量众多的生产模范的典型报道，对陕甘宁边区的大生产运动起到极大的动员作用，激发了边区群众的模仿心理和劳动热情。

这个时期的“群众办报”，主要体现在群众办墙报、群众读报、工农兵通讯员队伍的建设三个方面。“群众办报”是中共群众路线在新闻传播领域的创造性运用。这是政治传播中的一种参与式传播，它有别于精英式传播，是一种民主化程度更高的政治传播，能取得更好的传播效果。

这个时期在新闻传播领域另一件重大的事件，是毛泽东在1942年2月8日召开的一次中央宣传干部会上发表了重要演讲《反对党八股》，当时毛泽东义正词严地指出：“主观主义、宗派主义和党八股，这三种东西，都是反马克思主义的。”他列举了党八股的八条罪状。第一条罪状是：空话连篇，言之无物；第二条罪状是：装腔作势，借以吓人；第三条罪状是：无的放矢，不看对象；第四条罪状是：语言无味，像个瘪三；第五条罪状是：甲乙丙丁，开中药铺；第六条罪状是：不负责任，到处害人；第七条罪状是：流毒全党，妨害革命；第八条罪状是：传播出去，

① 中共中央宣传部新闻局编．马克思主义新闻工作文献选读［M］．北京：人民出版社，1990：186、195．

祸国殃民。①

当年，新华社发会议消息时称：这次会议是专为肃清党八股，反对宣传工作中浮而不实、无的放矢的恶劣作风召集的一次重要会议。

这篇讨伐党八股的檄文，不仅对纠正当时的政治宣传中的不良文风，具有很强的针对性现实意义，而且对日后的政治宣传如何端正文风，也有着深远的历史意义。至今，政治传播中的党八股还在以新的面貌，新的形式出现，反对形式主义，反对新旧党八股，是一个长期的任务，任重而道远。

毛泽东《反对党八股》的演讲，除了讨伐党八股，整肃政治宣传的文风这一历史功绩外，还有一个历史贡献，就是为大家提供了一个关于问题意识的思考。他说："什么叫问题？问题就是事物的矛盾。哪里有没有解决的矛盾，哪里就有问题。既有问题，你总得赞成一方面，反对另一方面，你就得把问题提出来。提出问题，首先就要对于问题即矛盾的两个基本方面加以大略的调查和研究，才能懂得矛盾的性质是什么，也就是发现问题的过程。大略的调查和研究可以发现问题，提出问题，但是还不能解决问题。要解决问题，还须作系统的周密的调查工作和研究工作，这就是分析的过程。……一篇文章或一篇演说，如果是重要的带指导性的，总得要提出一个什么问题，接着加以分析，然后综合起来，指明问题的性质，给以解决的办法，这样，就不是形式主义的方法所能济事。"②

---

① 参见中共中央宣传部新闻局编．马克思主义新闻工作文献选读［M］．北京：人民出版社，1990：166－175.

② 中共中央宣传部新闻局编．马克思主义新闻工作文献选读［M］．北京：人民出版社，1990：174.

形式主义，是一种顽疾，不但在一般新闻报道中普遍存在，而且在政治传播尤甚。中央对这一现象十分重视，多次强调要扫除这一沉疴。毛泽东关于上述问题的论述，至今还有强烈的现实意义。我们今天提出的问题意识、问题导向，可以说是毛泽东关于问题的论述发展而来。运用问题意识，问题导向，十分有利于当前政治传播中的形式主义的清除。

这个时期，毛泽东新闻思想基本形成，其中关于政治传播的内容非常突出。政治传播中关于政治宣传的党性原则，宣传要服从于服务于党的方针路线、党的中心工作都有精辟的论述。关于政治参与——全党办报，全民办报；关于政治动员——典型报道，在当时就取得辉煌的实践成果。关于政治传播文风的改造——反对党八股；关于政治传播的针对性——问题意识，在当时已提上议事日程并付诸实现等。以上诸方面已基本形成了中共政治传播的规律，这些规律一直传承下来，且结合新的时代特点还在继续遵循。

第五节　新中国成立前后政治动员彰显巨力

新中国成立前的三年解放战争和新中国成立后的抗美援朝战争，是我国政治动员起到巨大力量的两个经典案例，其动员范围之广，影响之巨，效果之好，在我党的历史上及共和国历史上都留下了深刻的记忆，在我国的政治传播史上也留下了宝贵的历史遗产。

政治动员，是阶级、政党或政治集团及其代表人物为实现某项政治目标而进行的政治宣传鼓动等行动，是政治斗争的重要手段。政治动员的目的在于启发和教育本阶级群众或本组织成员提高政治觉悟、明确奋斗目标，组织浩浩荡荡的队伍以实现其政治任务。[①] 政治动员有硬动员和软动员之分，这里提到的是硬动员，典型报道是软动员。

新中国成立前的解放战争，是中国共产党领导的解放军与国民党反动政权进行的一次决战。一定要动员全国的力量，发动全国人民投入这场伟大的斗争，因此政治动员必须要下最大的力气。

1947 年 10 月 10 日《中国人民解放军宣言》发布。这个后来被称为《双十宣言》的文稿，是毛泽东亲自起草的，是革命领袖毛泽东和中国共产党对全国人民、全体军队所做的强有力的政治动员："打倒蒋介石，解放全中国"。宣布了中国人民解放军的也就是中国共产党的八项基本政策。宣言历数蒋介石反动政权出卖国家主权，屠杀残害中国人民的种种罪行，激起对蒋匪政权的公愤，同仇敌忾。宣言也宣布了我党我军的相关政策：联合对象，打击对象，民众权利，土地政策，政治制度，外交政策等，极大地调动了全国各界群众的积极性。[②]

事实也证明，宣言极大地鼓动了全国人民积极投入解放战争，为保护土地改革的胜利果实，鼓励着战士们英勇杀敌。人民群众踊跃支援前线，独轮车运送弹药物质冒着敌人的炮火前进，鸡蛋、烧饼塞满战士的口袋，这是一场兵民共同参与的人民战争，蒋匪政权像摧枯拉朽般倒塌，三大战役势如破竹，党和军队

---

① 参见刘建明主编. 宣传舆论学大辞典［M］. 北京：北京经济日报出版社，1992：9、495.

② 参见毛泽东. 毛泽东选集（第四卷）［M］. 北京：人民出版社，1991：1235.

的战略目标如期实现。

1950 年 6 月 25 日，朝鲜爆发内战，美国政府悍然纠集几个国家的军队出兵朝鲜，把战火烧到中朝边境，轰炸中国东北地区，对我国安全构成严重威胁。

在这样的严重关头，以毛泽东为首的党中央于 1950 年 10 月 8 日给中国人民志愿军下达了抗美援朝的命令。命令由毛泽东起草并颁布。命令中国人民志愿军协同朝鲜同志向侵略者作战并争取光荣的胜利。命令指出“必须深刻地估计到各种可能遇到和必然会遇到的困难情况，并准备用高度的热情，勇气，细心和刻苦耐劳的精神去克服这些困难。目前总的国际形势和国内形势于我们有利，于侵略者不利，只要同志们坚决勇敢，善于团结当地人民，善于和侵略者作战，最后胜利是我们的。”① 命令就是政治动员，分析了尽管美国军队在武器装备上强过我们数倍，但整个形势对我们有利，克服困难就能战胜敌人。

1951 年 2 月 18 日，中共中央政治局扩大会议作出八项决议，其中第二项就是：必须在全国范围内继续推行抗美援朝的宣传教育运动，已推行者深入之，未推行者普及之，务使全国每处每人都能受到这种教育。

于是，全国的报纸、广播，进行密集的抗美援朝动员，“抗美援朝，保家卫国”深入人心，文艺作品也发挥着鼓舞抗美援朝斗志的千钧力量，歌曲“雄赳赳，气昂昂，跨过鸭绿江”唱出了中国人民的气势。“最可爱的人”，代表着全国人民对志愿军的敬佩与热爱。

志愿军在前方打胜仗，以“钢少气多”力克“钢多气少”，

① 毛泽东．毛泽东选集（第四卷）[M]．北京：人民出版社，1997：32.

涌现了杨根思、黄继光、邱少云等30多万名英雄功臣和近6000个功臣集体，连刚改编过来的国民党50军，也因为有了正义之气和信仰的力量也屡战屡胜。在后方，全国人民支援前线，捐钱捐物，常香玉带头义演捐献飞机一架，全国人民共捐献飞机三千多架。

1953年7月27日，美军不得不低头认输，在停战协定上签字，中朝两国人民胜利了。1953年9月12日，毛泽东在中央人民政府委员会第二十次会议上，赞美抗美援朝的伟大胜利，意味深长地说："帝国主义侵略者应当懂得：现在中国人民已经组织起来了，是惹不得的。如果惹翻了，是不好办的。"①

这里所说的中国人民组织起来了，实际上是说中国共产党的政治动员，提高了全国人民的政治觉悟，只要党和政府一声召唤，人民就会一呼百诺，闻风而动。

---

① 毛泽东. 毛泽东选集（第四卷）[M]. 北京：人民出版社，1997：70-71.

第二章

新时代中国政治传播的社会语境

新时代中国政治传播处于一个不同于以往的新的环境。中国正在建设中国特色社会主义的路上，充满自信的速度和成就让世界瞩目，中国道路成为世界的热门话题；马克思主义在中国的实践和发展为世界公认，对主流意识形态的维护功能彰显；新技术的发展促进互联网日新月异的变化，改变了人们的生活，特别是政治生活，重构了传播格局。当下的政治传播语境机遇与挑战并存，是政治传播的基本出发点。

第一节　坚定自信的中国道路

中国道路就是社会主义道路，这一点不仅是中国人民形成的共识，而且成为全国人民行动的纲领。中国道路引起世界热议，学者们纷纷进行探讨研究，政治家进行学习借鉴。中国道路如何行稳致远，做好政治传播是其中的一个重要选项。

一、中国道路的提出

2004年5月，美国《时代》周刊高级编辑乔舒亚·库珀·雷默来北京访问后发表《中国已经发现自己的经济共识》，认为中国改革开放和经济建设取得了不凡的成就，同时重视社会建设，寻求社会公正，探寻了一种符合中国国情的发展模式，他称这种模式为“北京共识”或“中国模式”。他的论断，引发了国内外的热议。我国学者张维为总结了“中国模式”的八个特点：实践理性、强势政府、稳定优先、民生为大、渐行改革、顺序差异、混合经济、对外开放。[①] 丁学良教授指出：“中国模式”是由三个交织的多系统构成：国家政权、国民经济和民间社会。国家政权采用列宁主义的权力架构，坚持共产党的领导；国民经济采取“看得见的手”和“看不见的手”共同作用的“政府管制的市场经济”；民间社会采取具有中国特色的社会控制系统维护稳定，这种控制随着技术进步更加强大。[②] 同时，关于国外“中国模式”的表述，国内却提出了五花八门的概念：中国经验、中国特色、中国案例、中国道路等，见仁见智，各有主张。最后，多数学者认为以“中国道路”的表述更为妥当。[③]

中国道路的成功，在世界上是一个不争的事实。凡是对中国没有敌意的外国人，都承认这一事实，那些一直唱衰中国的别有用心的人，也被中国道路取得的成功“打脸”。

---

① 参见张维为．中国震撼［M］．上海：上海世纪出版社集团，2011：100.

② 参见丁学良．辩论中国模式［M］．北京：北京社会科学文献出版社，2011：43.

③ 参见朱炳元，张李军，张兴亮．国内外学术界关于中国道路的研究述评［J］．当代世界与社会主义，2015（3）.

国人从中国道路的成功中取得了深切的获得感和幸福感。2010 年佩尤调查中，中国是“自我感觉”最好的国家，87% 的中国人对国家发展满意，对国家走的道路和前进的方向充满信心，对国家经济满意率达到 91%。在对本国的满意度方面，中国人为 64%、美国人 48%、俄国人 43%、德国人 12%。[①] 得出这样的调查数据的，是一家外国公司，数据应当不会存在主观因素。当然，这些中国经济的发展数据，十多年前一般以两位数增长，近几年由于国际经济环境的恶化，单边主义和“美国优先”打乱了国际经济秩序，即便如此，中国经济仍以 6% －7% 的速度递增，领先世界各国。为世界经济的稳定发展做出了较大的贡献。这一切都是中国道路带来的伟大成功。

目前，西欧学界和政界形成共识，认为西欧被一张“西方缺失”迷雾网笼罩，西欧在大国博弈面前束手无策，应尽快寻找出路。说到底，这实际上是一种对道路自信的疑惑，是对现行道路的迷茫。

2020 年，中国突发严重的公共卫生事件——新冠肺炎疫情暴发。在这场抗疫斗争中，国民亲身体会到了社会主义制度的优越性。习近平总书记一声令下，打一场抗疫的人民战争、整体战、阻击战。全国人民闻风而动，武汉封城，近千万人听党指挥，自觉在家隔离，四万二千多名来自部队、各省的医疗队伍奔赴武汉，各种医疗设备、生活物资运往武汉，生命高于一切，应收尽收，应治尽治，多家方舱医院拔地而起，无论是百岁老人还是初生婴儿，不管花费多大，一律免费治疗。经过三个多月的战斗，

① 参见马凌. 风险社会语境下的新闻自由与政府责任［J］. 南京科学，2011（6）.

终于取得抗疫斗争阶段性胜利。这一切，让全国人民看到了中国道路的优越，中国道路的先进，中国道路的光明，更加坚定了全国人民的道路自信。

二、中国道路的“硬核”

什么是中国道路？简言之，就是社会主义道路。新中国一成立，就宣布了走社会主义道路，但是苏联的解体，引起人们对社会主义前途的担忧。后来，在改革开放中，姓社姓资的问题被淡漠，市场化初期难免出现的一些弊端又让人们对社会主义能否持久产生疑惑。

正是在这关键时期，邓小平在1982年9月召开的中共十二大开幕词中首次明确提出，走“建设有中国特色的社会主义道路”，“把马克思主义的普遍真理同我国的具体实际结合起来，走自己的道路，建设有中国特色的社会主义，这就是我们总结长期历史经验得出的基本结论”。

第二节　开放的中国舆论场

舆论，一般分为新闻舆论和公众舆论。“新闻舆论和公众舆论共同构成了社会舆论。”① 当前，我国形成了新闻舆论场和公众舆论场。两个舆论场的话题、议论，一般以政治性话题为主。因此，两个舆论场，特别是新闻舆论场都承担着政治传播的任务。随着我国民主政治建设的不断增强，公众舆论场的多元话语空间

---

① 丁柏铨，任桐. “新闻舆论的传播规律”初探［J］. 新闻记者，2017（2）.

不断扩大。活跃的公众话语影响着新闻舆论场的政治传播效果，或正面，或负面，政治传播要取得期望的效果，必须要研究两个舆论场的关系，如何相互影响，以及如何引领公众舆论朝正确的方向发展。

一、新闻舆论是主导的社会舆论

“新闻舆论是借助于新闻传播的力量而形成的舆论。”① 新闻传媒自然是新闻舆论的主体。但因为新闻媒体是党和政府、人民的喉舌，而党和人民的利益是一致的，党和政府往往代表人民说话，故新闻舆论又被称为官方的舆论。

新闻舆论是由新闻媒体传播的新闻事实，以及媒体意见（通过社论、短评、述评、评论员文章、言论等）表达，形成舆论的。媒体意见表达，直接称为新闻舆论。部分新闻报道的事实，其中包含着媒体的态度；或肯定或否定，或支持或反对，或赞扬或批评等，也可转化成新闻舆论。

这些新闻舆论传播，大多是政治传播，传播的是党和政府的战略思想、政策、政见、政治态度、政治生活、政治生态等。改进新闻舆论传播，从某种程度上来，就是改进政治传播。那如何改进新闻舆论传播？

其一，领导要尊重新闻舆论的传播规律。2009 年，习近平总书记在出席中央党校春季学期开学典礼时的讲话指出：“要提高同媒体打交道的能力，尊重新闻舆论的传播规律，正确引导社会舆论，要与媒体保持密切联系，自觉接受舆论监督。”②

---

① 丁柏铨．中国当代理论新闻学［M］．上海：复旦大学出版社，2002.

② 领导干部要加强党性修养提高综合素质［N］．人民日报，2009－03－02.

这个讲话有几层意思：第一，新闻舆论传播有其自身的规律，领导不能将个人意志强加于它，不能搞长官命令；第二，领导要学会如何运用新闻媒体，不仅要善待新闻媒体，而且要善用新闻。必要时为媒体写社论写言论；第三，领导不能让媒体为自己唱赞歌，不能“公器私用”，提高自己的曝光率，而要自觉接受媒体的舆论监督。

其二，坚持党性和人民性的统一。2013 年习近平总书记在全国宣传思想工作会议上重提党性和人民性的概念，并强调两者从来都是一致的、统一的，从而打破了我国新闻宣传领域 30 年来人为制造的一个禁区。①

另一方面则因为“人民”本身就是内置于中国共产党新闻舆论工作的核心概念与逻辑前提，“以人民为中心”观念，更是当前马克思主义新闻观的核心观念之一。②

习近平总书记在多次讲话中不断提出“以人民为中心”，是在新时代语境下，重聚人们的共识，摆脱传统媒体受众流失、新闻舆论功能受到弱化的困境，重新获得受众的认可和青睐的关键。

“以人民为中心”，指引新闻舆论的价值导向，也为政治传播提供了较为灵活的语义修辞，并拓宽了政治传播的话语空间。使政治传播更贴近人民，更有宽广的代表性，在一个更宽广的范围内凝聚共识。

“以人民为中心”，要求政治传播讲究策略，讲究艺术性。习

---

① 参见陈力丹．党性和人民性的提出、争论和归结——习近平重新并提“党性”和“人民性”的思想渊源和现实意义［J］．安徽大学学报（社会科学版），2016（6）．

② 参见杨保军．当前我国马克思主义新闻观的核心观念及其基本关系［J］．新闻大学，2017（4）．

近平总书记提出，这一点我们要向西方学习。他们的宣传是看不见的宣传，它将人们引向他们所要到达的目的与方向，而人们还不自觉。好的宣传是无形的，犹如盐溶于水，吃起来是咸的，但却看不到盐。我们现在有些宣传太过直白，太过生硬，让人们难以接受，也难以达到宣传效果。

新闻舆论不能等同于宣传，但新闻舆论中含有大量的政治宣传成分。我们不能因为生硬的宣传而放弃宣传，而要提高宣传艺术，让读者重回传统媒体。

二、不可忽视的公众舆论

公众舆论是由作为社会成员的个体意见的公开表达汇集而成的。公众舆论由公众共同形成并进行传播，这是不言而喻的。“公众舆论常常包含、透映着民意和民心。”①

公众舆论有的体现正面效应，有的体现负面效应，有时两种效应混杂在一起。由此，对公众舆论要进行分析鉴别和引导。在公众舆论中有不少涉及党和政府的方针政策，更要通过政治传播、澄清事实，明确是非。公众舆论往往缺乏理性思考，过于感性，特别是自媒体时代的公众舆论。

自媒体时代，博客、微博、微信、论坛等盛行，人人都是记者，人人都有麦克风。自媒体时代的公众舆论，常常起源于围观，一种看客心理，然后是众声喧哗，大量的意见表达，形成一定的意见气候，在网上酝酿发酵，形成公众舆论。因为意见表达缺乏冷静思考，一般又是激情表达，意见难免片面偏激，如果这些公众意见是正面的还好，如果是负面的，就可能形成舆论暴

① 丁柏铨，任桐．“新闻舆论的传播规律”初探［J］．新闻记者，2017（2）．

力，伤害到一些人，酿成网络事件。

2015年的“青岛天价虾事件”，涉及消费者旅游维权，“荆州扶梯事故”涉及少儿生命安全问题，这些是具有正面效应的公众舆论形成的公共事件，促进了旅游环境的改变和商场电梯安全的管理。

而湖北石首市的网络舆论，最终酿成骚乱。造成的原因固然有调用警察处置不当，但民众舆论偏激，缺乏冷静思考，最后酿成群体激化，公众舆论的负面作用凸显。四川成都“6.5公交车燃烧事件”发生，网上猜测、质疑声一片，网络负面舆论来势凶猛。幸好市政府及时召开新闻发布会，公开事实真相，最后负面传言被真相击破，负面舆论被平息下来。

公众舆论一般又称为众议。它有一定的话题，而且这些话题具有公共性，是大家都关心的话题，能引发大家参与讨论，而且在议论中能形成比较一致的意见。

有研究者统计了2007年—2015年的网络舆论八个方面的话题：特权阶层施暴或羞辱、公职人员经济腐败或人事腐败、公检法执法不公、房屋土地维权、旅游维权、环境保护、安全问题、垄断行业监督等。①

可以说，生产公众舆论的自媒体，其内容生产正面的意义大于负面的意义，加之，我们有网络法规在规范着网民的政治表达，只要不违法违规，便有较大的自由表达的空间。所以，我国对自媒体的公众舆论，持开放的态度，让网民有政治参与、政治表达的足够空间，也使我们的党和政府从这多元的政治意见中听取民意，了解民心，并从中吸纳改进执政的智慧。就算自媒体生产的内

① 参见杨道．倾听：当前政治沟通的薄弱环节［J］．国际新闻界，2017（2）．

容中有些不健康的内容，也可让正确的舆论起到净化的作用。

三、媒体舆论与公众舆论的互动

媒体舆论与公众舆论的互动表现在如下三个方面：

其一，媒体舆论得到公众舆论的传播扩散。媒体舆论的议题设置，特别是政治话题，一般能契合公众的愿望和心理，就会得到公众舆论的传播与扩散。而且，传统媒体具有较高的公信力和权威性。“报上说的”“广播电视讲的”，常成为群众的口碑。

在自媒体微信群，常常可以看到转发的，与群众利益息息相关的，涉及党的方针政策或党务、政务活动的传统媒体发布的政治新闻。

其二，公共舆论丰富媒体舆论。社会舆论的话题，或者说议程设置，常对同一问题从不同的角度来观照，这多元的视角，可以丰富媒体的表现内容。当然公共舆论中的正能量内容才被媒体所分享。而且，传统媒体从社会舆论中吸纳营养，媒体舆论才能更亲民、更接地气，才不会脱离实际放空炮，脱离群众自说自话。

其三，媒体舆论引导公众舆论。公众舆论是一种自发的非组织非理性的舆论。在当前社会各种利益集团纷纷涌现的时代，这种非理性的舆论更容易产生负面影响，甚至被人利用。“在一个利益分化的社会中，表达和争取自己利益的行为，意味着社会政治参与。这种参与包括利益诉求的表达，也包括为达到争取利益的目标而采取的施加压力的方式。而这就往往成为社会冲突的源头。”[①] 为防止冲突，媒体舆论就要对这种公众舆论加以引导，缓

① 孙立平．社会断裂三部曲［M］．北京：中国人民大学出版社，2009：321.

解矛盾，消减这种舆论成为舆论风暴的可能，用媒体舆论的理性对待公众舆论的感性，引领公众舆论朝着正确的方向发展，加强沟通，加强对话，进行协商和必要的妥协。

其四，公众对媒体舆论的反应促进媒体舆论的发展。如今的算法技术日益发达，大数据可测算出传媒的新闻舆论是哪些群体在接受，有什么反应；哪些媒体舆论被公众接纳，哪些不被认同。从而可以促进新闻舆论内容的不断优化。当然也要认真分析这些反应的合理性。

公众舆论是民间的政治传播，是公众政治参与的产物。开放的中国舆论场有利于公众的政治参与。政治参与是政治传播的重要的民主手段，开放的舆论场为新时代政治传播的发展创造了良好的条件。

第三节　以马克思主义为主导的多元传播理念

政治传播是一种传播行为，自然关涉到传播理念。有什么样的传播理念，才会有什么样的传播效果。当下的中国，既有中国传统的传播理念，又有来自西方的现代传播理念。当代为主导的是马克思主义指导下创建的新时代传播理念。

一、中国传统的传播理念

中国几千年的传播理念，在“宣传”和“教化”四字。东汉至宋的露布和檄文，有很好的宣传作用，宣传敌方的罪行、我方征讨的正义以及我方的胜利。宋代的邸报，宣传朝廷的政策和地方的政治主张。清至民间的官报、民报，宣传如何学习西方的政治制度，强国富民。

关于教化，我国古代以来的传播，均强调对人的教育功能，对人的潜移默化的塑造功能。露布和檄文教育民众爱国，坚持正义。邸报主要是通过传递官员的赏功罚罪，对官僚群体进行劝诫和教化。清末的官报与民报主要是“西体中用”的教化，对反对帝国主义侵略的教化。

在漫长的专制统治的封建社会，新闻舆论传播发展缓慢，封建上层的信息流动在一封闭的系统中从上至下进行。指导这一信息传播的理念是：“民可使由之，不可使知之。”

正是在这种愚民政策的驱动下，士民不必要知晓天下事，知道得越少越好统治。乃至晚清，一批先进的知识分子才有所警醒，大力开办民报民刊，以“开民智”为指向。

二、西方的传播理念

二十世纪七八十年，随着我国的改革开放，西方传播理念大量引进，如社会责任论、新闻真实论、新闻专业主义精神、新闻自由论、新闻扒粪论等。三十多年来，我们发现这些理念大多既不符合西方的传播实践，也不符合我国的新闻实际。既有南辕北辙的问题，也有水土不服的问题。

（一）社会责任论

社会责任论强调记者的社会责任，强调记者报道要有益于社会，有利于社会的进步。这个理念本身还是有进步意义的，应该成为新闻传播的理想。可是，在西方，现实的情况大相径庭。在美国，媒体往往掌握在政党或利益集团手上。美国总统特朗普就将福克斯电视台掌控在手，而民主党也有自己的舆论工具，一些大的利益集团也掌握了媒体，各个媒体为自己的主子卖力，干的不是有利于社会的事，而是撕裂社会。这些媒体在美国国内起着坏作用，还把手伸到世界，干涉别国内政，破坏国际社会的秩序。

在我国，“铁肩担道义”倒是记者们历来的信条，社会责任论丰富了这一信条。

（二）新闻真实论

新闻真实论强调真实地叙述新闻事实，少一点主观表述，这本身也是正确的理念。可是，许多西方记者，说的是一套，做的又是一套，带着偏见，戴着有色眼镜看敌对国家，歪曲、丑化、妖魔化别国。而且，近来西方又流行一种“后真相”理论，个人的感受、个人的情感可以代替事实，信口雌黄，满嘴谎言。最典型的事例是：“9·11”事件后，美国国民群情激愤，要求惩罚本·拉登和基地组织。布什政府利用了民众的情绪，把本来不相干的萨达姆说成是幕后黑手，还说萨达姆总统府地下室藏有核武器和化学武器。稍有头脑的人都知道，萨达姆与本·拉登是死对头，根本不可能合作。再者核武器就藏在总统府的地下室，那萨达姆岂不是坐在火药桶上吗？这一切记者明明知道是谎言，但为所谓的爱国主义情感所裹挟，竟将这虚假信息报道出来，连《纽约日报》《华盛顿邮报》也随波逐流。

（三）新闻“扒粪论”

二十世纪三十年代，在美国，记者兴起了一个“扒粪运动”。所谓“扒粪”，即记者专事揭露社会中肮脏的东西、丑恶的东西及阴暗负面的社会现象。当时新闻主观的动因，为的是吸引读者的眼球，提高发行率和收视率。当然，这在客观上也起到一些兴利除弊的作用。这一运动发展下来，形成了美国与西方的一个传统理念，曝光揭丑才是新闻，负面的东西才是新闻。

揭露社会丑恶的东西，在一定程度上能够引起社会的警醒，但让阴暗负面的东西充斥媒体，不禁让人长期生活在一种失望、沮丧的社会环境中，或让人颓废，或让人麻木。更何况这种揭丑，往往受党派或利益集团所指使所利用，对国家对社会产生一种分裂的后果。

因此，这一理念在我国是万万行不通的。

（四）新闻专业主义

新闻专业主义是西方新闻传播理念最重要的一条，也是曾经对我国影响最大的一条。所谓新闻专业主义，讲的是新闻媒体的中立，不偏不倚，只追求新闻媒体的公平正义，履行好“看门狗”的责任。自称新闻媒体为第四权力，可以与政府、社会、法律并列的权力。然而在西方媒体的中立、公平正义、第四权力只是一厢情愿的奢望。因为西方媒体是受私人资本所控制，老板说要怎么报道就怎么报道，你想违抗就会被炒鱿鱼。至于监督政府也只是个美丽的愿望。原美国总统特朗普，将所有对他的批评都斥之为“假新闻”，媒体又怎奈他何。

有些人唯西方传播理论马首是瞻，言必称西方，逐渐淡忘了中国的新闻学理念。甚至在国内著名的大学文科博士论文开题时，有一篇博士论文是研究《人民日报》对某一问题的报道，竟从选题的角度被否定，理由是《人民日报》不像《纽约时报》，不是真正的报纸，而是宣传。拿《纽约时报》作为标准，来衡量《人民日报》，中国新闻学被西化的程度，可见一斑。

有学者一针见血地指出：在我们国内，新闻学曾是基础学科，传播学是后来从美国引进来的，新闻学延续的是马克思主义、毛泽东思想的传统。而传播学，尤其是带有冷战色彩的美国主流传播学，在一定意义上，是用来“明修栈道、暗度陈仓”的，也就是在马克思主义“存量”不变的前提下，用传播学这一“增量”来淡化、甚至否定马克思主义的新闻学传统。① 这位学者名为赵月枝，系加拿大国家特聘教授，中国教育部长江学者讲座教授。就是这样一位长期在国内外进行传播学研究的学者不带偏见的肺腑之言，值得国内学者警醒，对西方传播学有一个清醒的认识。西方传播学不能成为衡量我们学术成果的标准，看一篇论文一个课题的学术水平，不是看你运用了多少传播学的理念，也不是看你引用了多少西方传播学的观点，甚至这些观点越新潮越好。而应当是看你运用马克思主义新闻理念怎样观照中国的新闻传播现象，有什么创造性的发现或创意。

当然，西方传播学中也有一些值得借鉴的东西，如欧洲的批判主义的一些理念，又如议程设置理论、话语理论等。以及定量分析的方法，该方法弥补了我国定性分析方法的不足。特别是当代大数据的盛行，为定量分析提供了有力的支撑。总之，我们既不能全盘否定西方的传播学理念，也不能照搬全收，而应当有分析有鉴别地吸收人类的智慧成果。

是时候要认真梳理一下西方传播学理念了。

三、马克思主义指导下的中国新闻传播理念

中国的新闻传播理念，是继承和发展了马克思主义理论遗

① 参见赵月枝．全球视野中的中共新闻理论与实践［J］．新闻记者，2018(4)．

产，并在中国和中国建设的伟大实践中成长并逐渐成熟的。中国传播理念的成长经历了毛泽东思想营养输送，改革开放增强活力，新时代丰富发展三个时期。

（一）毛泽东新闻理念打下坚实基础

开国领袖毛泽东，不仅在政治、经济、军事、哲学、文学艺术等方面有伟大建树，而且建构了毛泽东新闻思想。毛泽东新闻思想主要是毛泽东的贡献，但其中也不乏刘少奇、周恩来等的智慧。

毛泽东新闻思想内涵极其丰富，宾夕法尼亚大学编著了《传播学国际百科全书》，由牛津大学于1989年出版，书中从四个方面总结了毛泽东对新闻传播学的贡献，并将其作为世界文化遗产而为人类所继承。[①]

1. 对舆论重要性的深刻认识

毛泽东指出："凡是要推翻一个政权，总要先造成舆论，总要先做意识形态方面的工作。革命的阶级是这样，反革命的阶级也是这样。"[②] 这是毛泽东对传播学的一个重大贡献。正是这一理念指导中国共产党在重视武装斗争的同时，也十分重视舆论战线的斗争。后来延展成为我党要重视抓"两杆子"："一个是枪杆子，一个是笔杆子。"《延安文艺座谈会上的讲话》，对《解放日报》的改版，都是为加强舆论斗争采取的重大举措。

---

① 参见赵月枝．全球视野中的中共新闻理论与实践［J］．新闻记者，2018（4）．

② 中央文献研究室．建国以来毛泽东文稿（第10册）［M］．北京：中央文献出版社，1996：194．

2. 关于群众路线在政治传播中的运用

作为一种具有世界意义的政治思想和民主实践，“群众路线”是中共在一个后发国家动员民众进行现代化探索的原创性贡献，被认为是“毛泽东对马克思主义理论最为重要的贡献”。①

群众路线在中国新闻传播领域的运用，主要体现在两个方面；一是新闻工作者办报要一切从群众与实际需要出发，做到有的放矢；二是“全党办报”“全民办报”的独特的政治参与形式。关于后一点，我们在前文中，以《解放日报》为例进行了阐述。在此重点阐述第一点。关于这一点，我们可以以 1939 年 1 月 1 日创刊的党报《大众日报》为例。

群众观念，是大众日报自创刊起就坚守的办报核心理念。办报初期，报纸一直摸索着前进，直到 1942 年有了一个大的变化。根据 1942 年 3 月中共中央宣传部下发的《为改造党报的通知》要求，《大众日报》进行了为期一年的改进提升工作。他们树立“只要群众是我们的，胜利就是我们的”的信念；他们自觉要求自己：“不仅要做群众的老师和指导者，还要成为他们的朋友和知音”；每遇问题，他们会主动与读者互动，公开向群众检讨。可以说，《大众日报》1942 年的改进，让群众懂得了《大众日报》是谁的报纸，为谁说话，为谁服务，所以群众称《大众日报》是“咱们的报纸”。②

在毛泽东群众路线指导下的新闻媒体，与群众建立了鱼水相依的关系，因此能永远立于不败之地。

---

① 李海波．“群众路线”的历史逻辑与挑战［J］．新闻记者，2015（9）．

② 参见赵允旗．一切从群众与实际的需要出发［J］．新闻记者，2013（7）．

3. 提出处理我国政治生活中是非的标准，指导我国新闻传播

1957 年 2 月，毛泽东发表了《关于正确处理人民内部矛盾问题》一文，《传播学国际百科全书》认为，这是毛泽东对传播学的另一个重要贡献。是与直到 1950 年代一直主导国际共产主义运动的阶级化论相分离，认为毛泽东在试图把握劳资矛盾的同时，坚持分析“人民”的不同构成和这种构成的具体历史变化。①

毛泽东认为：“在我们国家里，工人阶级同民族资产阶级的矛盾属于人民内部的矛盾。”②他接着分析了民族资产阶级积极和消极的两面性，对民族资产阶级应采取团结、批评、教育的政策。

特别是毛泽东提出的处理我国政治生活中的六条标准意义十分重大：“（一）有利于团结全国各族人民，而不是分裂人民；（二）有利于社会主义改造和社会主义建设，而不是不利于社会主义改造和社会主义建设；（三）有利于巩固人民民主专政，而不是破坏或者削弱这个专政；（四）有利于巩固民主集中制，而不是破坏或者削弱这种制度；（五）有利于巩固共产党的领导，而不是摆脱或者削弱这种领导；（六）有利于社会主义国际团结和全世界爱好和平人民的国际团结，而不是有损于这些团结。这六条标准中，最重要的是社会主义道路和党的领导两条。”③

---

① 参见赵月枝. 全球视野中的中共新闻理论与实践［J］. 新闻记者，2018(4).

② 毛泽东. 关于正确处理人民内部矛盾的问题［M］. 北京：人民出版社，1957：2-3.

③ 毛泽东. 关于正确处理人民内部矛盾的问题［M］. 北京：人民出版社，1957：30.

这六条标准，不但是我国人民政治生活的准则，而且也为我国的新闻传播，特别是政治传播，提供了价值判断的标准，至今还有重大的实践意义。

4. 提出“为人民服务”的宗旨，成为我国新闻传播追求的目标

自1944年毛泽东在纪念张思德的文章中，旗帜鲜明提出“为人民服务”的宗旨后，他多次在文章和讲话中反复强调这一宗旨，并在新闻界也如此。1956年7月1日，《人民日报》发表由胡乔木起草、毛泽东审定的改版社论《致读者》，其中谈到《人民日报》是党的报纸，也是人民的报纸。我们的报纸叫《人民日报》，意思就是说它是人民的公共武器，公共的财产。人民群众是它的主人。

这一理念将我们报纸的属性与资本主义报纸的资本属性完全区别开来。

毛泽东对我国新闻传播理念的贡献是多方面的，这里只是择其要点而记之。

（二）习近平对马克思主义新闻观的当代新发展

进入二十世纪八十年代，一些传播学的概念被写进党中央的文件，逐渐为社会所共享。根据国务院学位委员会教育部颁布的《学位授予和人才培养学科目录2011年》中的规定，新闻传播学为一级学科，下设新闻学、传播学两个二级学科。这意味着新闻传播学正式在中国科学殿堂登堂入室。

新时代，习近平总书记发表了一系列关于新闻传播学的文章和讲话，对我国新闻传播事业有着十分重要的指导意义。

如果说毛泽东的新闻传播思想，主要是在中国革命战争年

代，对马克思主义新闻观的重要发展。那么，习近平总书记的新闻传播思想，则是在建设中国特色社会主义新时代对马克思主义新闻观的又一重大发展。可以说，毛泽东、习近平在对马克思主义新闻观的发展上创造了两个高峰。

习近平总书记的新闻传播理念，既有对马克思、毛泽东新闻思想精神遗产的继承和发扬，也有对中国传统智慧的传承，还有对当代国外先进文化思想的精华的吸纳。

习近平总书记的新闻传播理念内容极其丰富，主要有以下几个方面：

1. 深刻论述新闻舆论工作的极端重要性

他用48个字论述了中国新闻舆论的功能："高举旗帜、引领导向，围绕中心、服务大局，团结人民、鼓舞士气，成风化人、凝心聚力，澄清谬误、明辨是非，联接中外、沟通世界。"[①] 这48个字既体现了一个政治家的眼光，又符合新闻舆论工作的专业精神。

习近平总书记对好与坏的舆论功能有深刻的认识。舆论导向正确，就能凝聚人心、汇聚力量，推动事业发展；否则就会动摇人心，危害党和人民的事业。"好的舆论可以成为发展的'推进器'、民意的'晴雨表'、社会的'黏合剂'、道德的'风向标'，不好的舆论会变成民众的'迷魂汤'、社会的'分离器'、杀人的'软刀子'、动乱的'催化剂'"。[②]

① 习近平．习近平谈治国理政（第二卷）［M］．北京：外文出版社，2017：332．

② 中共中央宣传部编．习近平新时代中国特色社会主义思想学习问答［M］．北京：人民出版社、学习出版社，2021：313．

习近平总书记进一步强调，新闻舆论工作是治国理政、定国安邦的大事。他指出："做好党的新闻舆论工作，事关旗帜和道路，事关贯彻落实党的理论和路线方针政策，事关顺利推进党和国家各项事业，事关全党全国各族人民凝聚力和向心力，事关党和国家前途命运。"① "五个事关"把新闻舆论工作与党和国家工作大局紧密联系在一起。这是一个政治家面对当代国际风云变幻、意识形态斗争空前尖锐复杂的情况，面对经济转型、社会转轨时期的各种矛盾和挑战，站在战略制高点发表的警世恒言。

因为舆论工作如此重要，所以习近平总书记对舆论导向高度重视，他指出："新闻舆论工作各个方面，各个环节都要坚持正确舆论导向。各级党报党刊、电台电视台要讲导向，都市类报刊、新媒体也要讲导向；新闻报道要讲导向，副刊、专题节目、广告宣传也要讲导向；时政新闻要讲导向，娱乐类、社会类新闻也要讲导向；国内新闻报道要讲导向，国际新闻报道也要讲导向。"② 这里习近平总书记谈到是传播就有导向问题，这是一个独到的见解，是对传播学的创新贡献。

习近平总书记强调新闻媒体全方位都要讲舆论导向，这对过去有媒体认为只要新闻导向正确就行，其他方面特别是娱乐新闻、娱乐节目的"娱乐至上"、不讲导向的错误倾向，是一种警示作用。

要做到舆论导向正确，就必须坚持正面宣传为主。习近平总书记指出："团结稳定鼓劲、正面宣传为主，是党的新闻舆论工

① 习近平．习近平谈治国理政（第二卷）［M］．北京：北京外文出版社，2017：331－332.

② 习近平．习近平谈治国理政（第二卷）［M］．北京：北京外文出版社，2017：332－333.

作必须遵循的基本方针。”①

正面宣传为主，是真实反映我国的社会主流，汇聚向上的力量。坚持正面宣传为主，不是不要舆论监督。习近平总书记指出：“开展新闻舆论监督，应该始终坚持重在建设，站在维护党和人民利益的立场上，以改进工作、解决问题为目的，发挥新闻舆论监督在统一思想、凝聚力量、促进改革发展、维护社会稳定中的积极作用。”②

习近平总书记对如何提高正面宣传的水平，也做了深刻的阐述。他说，“正面宣传要用心用情做，让群众爱听爱看，不能搞假大空式的宣传，不能停留在不断重复喊空洞政治口号的套话上，不能用一个模式服务不同类型的受众，那样的宣传只能适得其反。”③

他还指出，不论是新闻报道还是评论，都必须依据事实发表。要根据事实来描述事实，不能根据愿望来描述事实。

要引导社会舆论走向，要善于设置议题。习近平总书记指出：“报道什么、不报道什么，多宣传什么，少宣传什么，都要从大局出发，体现大局要求。”④ 提高议题的设置能力，就要善于挖掘事实、提出概念、形成标识。

2. 精辟论述党性和人民性的关系

1847 年 9 月，恩格斯指出：“党刊的任务是什么呢？首先是

---

① 习近平．习近平谈治国理政（第二卷）［M］．北京：北京外文出版社，2017：333.

② 习近平．新闻思想讲义［M］．北京：人民出版社、学习出版社，2018：88.

③ 习近平．新闻思想讲义［M］．北京：人民出版社、学习出版社，2018：81.

④ 习近平．干在实处走在前列——推进浙江新发展的思考与实践［M］．北京：中共中央党校出版社，2013：309.

组织讨论、论证、阐发和捍卫党的要求，驳斥和推翻敌对党的妄想和论断。”① 这恐怕是关于报刊党性最早的论述。

1905 年，列宁正式提出“社会主义无产阶级应当提出党的出版物的原则，发展这个原则，并且尽可能以完备加完整的形式实现这个原则。”列宁所指的原则就是党性原则。他指出党性原则就是“写作事业应当成为整个无产阶级事业的 一部分，成为由整个工人阶级的整个觉悟的先锋队所开动的一部巨大的社会民主主义机器的‘齿轮和螺丝钉’”。②

1941 年 1 月，中共中央作出关于增强党性的决定，对党性作出权威的阐释：“全党党员和党的各个组成部门都在统一意志、统一行动和统一纪律下面，团结起来，成为有组织的整体。”③这是“党性”首次作为一个单独概念，进入中央政治局的决议，成为此后党的建设的重要内容。1942 年 9 月 22 日《解放日报》发表社论《党与党报》，其中特别强调：“报纸是党的喉舌。在党报工作的同志，只是整个党的组织的一部分。”“如果党报和党的通讯社脱离了党的领导，经常出现违反党的纲领政策的文字，那么他们实际上就改变了自己的性质，成为自由主义的言论机关，或者是少数报社同仁的报纸和通讯社。”④

关于党报和人民性的关系，最早是用“党性”与“人民性”讲述党报理论的，1945 年 12 月 30 日，发表在《新华日报》内刊

---

① 恩格斯．共产主义者和卡尔·梅因岑．马克思主义新闻工作文献选读［M］．北京：人民出版社，1990：4．

② 列宁．党的组织和党的出版物．马克思主义新闻工作文献选读［M］．北京：人民出版社，1990：40．

③ 刘智锋．中央第一个增强党性文件的由来［J］．学习时报，2016－3－17．

④ 中国社会科学院新闻研究所．中国共产党新闻工作文件汇编（下）［M］．北京：新华出版社，1980．

《新华报人》第9期上的胡乔木的文章《人民的报纸》指出："说报纸党性太重，证明我们的报纸和人民还有距离，就是人民性不够，也就是党性不够。报纸能最高限度地反映人民的呼声，就是报纸有最高的党性。"

20世纪80年代，党性和独立性的问题，不知不觉被置换成"党性和人民性"之争。直到2013年全国宣传思想工作会议上，习近平明确指出："党性和人民性都是一致，统一的"。并对人民性的内涵做了具体说明："坚持人民性，就是要把实现好、维护好、发展好最广大人民根本利益作为出发点和落脚点，坚持以民为本，以人为本。"① 又说，"党性和人民性都是整体的政治概念，党性是从全党而言，人民性也是从全体人民而言的。"② 这就从概念和理论上解决了30多年前的那场论争。

习近平总书记特别指出，我们党以全心全意为人民服务为根本宗旨，没有自己的特殊利益，体现党的意志就是体现人民的意志，宣传党的主张就是宣传人民的主张，坚持党性就是坚持人民性。党性寓于人民性之中，没有脱离党性的人民性。

3. 做好互联网新闻舆论工作的深刻论述

新时代正当互联网新闻舆论蓬勃兴起的时期，网民政治参与热情高涨，政治信息满载，网络的自媒体尤其活跃，已经成为舆论生成、演化的重要平台，具有强大的社会动员的功能，成为政治传播的重要渠道。

---

① 习近平. 意识形态工作是党的一项极端重要的工作［N］. 新华社，2013-8-20.

② 坚持党性和人民性相统——四论学习习近平总书记8·19重要讲话精神［N］. 人民日报，2013-8-27.

习近平总书记对做好互联网工作非常重视，提出了一系列深刻的论述。

首先，他强调必须敏锐抓住信息化发展的机遇，自主创新网络强国建设。他指出："当今世界，信息技术革命日新月异，对国际政治、经济、文化、社会、军事等领域发展产生了深刻印象。信息化和经济全球化相互促进，互联网已经融入社会生活方方面面，深刻改变了人们的生产和生活方式。我国正处在这个大潮之中，受到的影响越来越深。"①

网络传播已经成为当代主要传播方式之一，网络舆论已经是当前社会舆论的主要组成部分。网上正负能量的舆论混杂在一起，因此，习近平总书记提出："要加强网上正面宣传，旗帜鲜明坚持正确政治方向、舆论导向、价值取向，用新时代中国特色社会主义思想和党的十九大精神团结、凝聚亿万网民，深入开展理想信念教育，深化新时代中国特色社会主义和中国梦宣传教育，积极培育和践行社会主义核心价值观，推进网上宣传理念、内容、形式、方法、手段等创新，把握好时度效，构建网上网下同心圆，更好凝聚社会共识，巩固全党全国人民团结奋斗的共同思想基础。"②

为了互联网的安全有序，营造清朗的网络空间，习近平总书记指出："我们既要尊重网民交流思想、表达意愿的权利，也要依法构建良好网络秩序，这有利于保障广大网民合法权益。网络空间不是'法外之地'。网络空间是虚拟的，但运用网络空间的

① 习近平. 习近平谈治国理政（第一卷）［M］. 北京：外文出版社，2018：197.

② 习近平在全国网络安全和信息化工作会议上强调敏锐抓住信息化发展机遇自主创新推进网络强国建设［N］. 人民日报，2018－4－22.

主体是现实的，大家都应该遵守法律，明确各方权利义务。要坚持依法治网、依法办网、依法上网，让互联网在法治轨道上健康运行。”①

4. 提升国际传播能力的精要论述

世界全球化的趋势越来越强烈，如何让世界都能听到中国的声音，讲好中国故事，表达中国主张，展现中国思想，必须推进我国的国际传播能力。为此，习近平总书记提出了一系列新理念新思想新战略。提升国际传播能力，主要是宣示中国内部以及对国际社会的政策方针，呈现我国和平友好的风貌，以及人类命运共同体的主张。

首先，习近平总书记强调要传播好当代中国的价值观念。他指出：“当代中国价值观念，就是中国特色社会主义价值观念，代表了中国先进文化的前进方向。我国成功走出了一条中国特色社会主义道路，实践证明我们的道路、理论体系、制度是成功的。要加强提炼和阐释，拓展对外传播平台和载体，把当代中国价值观念贯穿于国际交流和传播方方面面。”②

其次，传播具有独特魅力的中国文化。习近平总书记指出：“中华文化源远流长，积淀着中华民族最深层的精神追求，代表着中华民族独特的精神标识，为中华民族生生不息、发展壮大提

① 习近平. 习近平谈治国理政（第二卷）［M］. 北京：外交出版社，2017：336－337.

② 习近平. 习近平谈治国理政（第一卷）［M］. 北京：外文出版社，2018：161.

供了丰厚滋养。"[①] 中华民族悠久文明孕育的中华优秀文化，是跨时空、跨国界、富有永恒魅力的文化，要通过传播，让世界范围内的"中华文化热"持续升温。

最后，塑造我国为人类作出贡献的负责任大国的形象。习近平总书记指出："要注重塑造我国的国家形象，重点展示中国历史底蕴深厚、各民族多元一体，文化多样和谐的文明大国形象，政治清明、经济发展、文化繁荣、社会稳定、人民团结、山河秀美的东方大国形象，坚持和平发展，促进共同发展、维护国际公平正义、为人类作出贡献的负责任大国形象，对外更加开放、更加具有亲和力、充满希望、充满活力的社会主义大国形象。"[②]

坚定的中国道路，开放的中国舆论场，以马克思主义新闻观为主导的多元传播理念，这就是新时代政治传播的主要社会语境。

认清传播环境，对传播效果至关重要。美国的传播学者麦克卢汉说："传播是环境的"[③]，它有多重含义，其中就意味着环境造就了媒介，环境也造就了传播。从这点出发，我们认为只要掌控了新时代环境，一种别开生面的政治传播，就将在新时代兴起。

---

① 习近平．习近平谈治国理政（第一卷）［M］．北京：外文出版社，2018：164、162.

② 习近平．习近平谈治国理政（第一卷）［M］．北京：外文出版社，2018：164、162.

③ ［美］林文刚．媒介环境学思想沿革与多维视野［M］．何道宽，译．北京：北京大学出版社，2007：14.

第三章

新时代中国政治传播的价值方向

新时代中国的政治传播，不同于过去历史时期的政治传播价值取向，具有新时代的鲜明特色。其突出的价值取向是：建设新时代的社会主义政治文化；创建社会主义的民主政治、营造良好的政治生态。

第一节 建设新时代的社会主义政治文化

何谓政治文化？美国学者阿尔蒙德说："政治文化是一个民族在特定时期流行的一套政治态度、信仰和感情。"① 其中，政治态度、信仰、感情，是政治文化的三要素。这个特定的时期，在中国，就是指建设有中国特色的社会主义新时代。

① ［美］阿尔蒙德·鲍威尔．比较政治学——体系过程和政策［M］．曹汝霖，译．北京：东方出版社，2007：26.

一、筑牢理想、信仰根基

毛泽东在湖南第一师范读书时，曾在《伦理学原理》一书上批注："宗教可无，信仰不可少。"夫所谓信仰者，必先之以知识，知之而后信之。"夫知者信之先，有一种之知识，即建为一种信仰，既建一种信仰，即发为一种之行为。知也、信也、行也，为吾人精神活动之三步骤。"

毛泽东一生就是按照自己所说的去做的。他从陈独秀等编写的《新青年》《共产党》等杂志中，学习了马克思主义知识，树立了共产主义理想，并决心为之奋斗终身，最终建立了一个人民翻身做主人的人民共和国，并带领人民为建立共产主义而奋斗。

在纪念朱德同志诞辰 130 周年纪念会上，习近平总书记指出："对马克思主义的信仰，对社会主义和共产主义的信念，是共产党人的政治灵魂，是共产党人经受住任何考验的精神支柱。"这是对无产阶级先锋队——共产党，提出的理想信仰要求。

而对中国的人民大众，习近平总书记则提出了中国梦的理想——实现中华民族的伟大复兴。

我国的传媒，应当将理想信仰教育作为政治传播的一项重要内容。

首先，我们要大力报道为共产主义伟大理想、为建设中国特色社会主义卓有贡献的共产党员的先进事迹，包括革命斗争时期的先烈和新时代楷模，用他们的事迹鼓励所有共产党员坚守共产主义信仰。

其次，要对个别犯错党员进行案例分析，从理想信仰丧失根本上找原因。习近平总书记说，理想信仰坚定，骨头就硬，没有理想信念，或者理想信念不坚定，精神上就会“缺钙”，就会得“软骨病”。要以此警示大家，不忘初心，牢记从哪里来，到哪里去。

第三，警惕和反对某些人用“普世价值”取代共产主义，将人们引入资本主义道路。持普世价值观点的人，把所谓民主、自由、人权、宪政看作是“普世价值”，企图通过我国深化改革，达到实现“普世价值”的目的。这是用资本主义一套来消解我国的共产主义理想信念，消解我国人民坚定走中国特色社会主义道路的意志。

二、坚定国人的政治态度

政治态度，主要是指国民对国家的基本国策的态度，是否拥护，是否支持，是否坚决贯彻执行等。

经过几代领导集体的艰苦探索，我国建立了中国特色社会主义的基本政治制度，这些国策经过70年的历史检验，得到了人民的拥护、支持和坚决执行。

这些基本国策主要有：

政治方面：坚持中国共产党是中国特色社会主义事业的领导核心；以工人阶级为领导、工农联盟为基础的人民民主专政的国体，以人民为中心的工作导向，坚持和发展中国特色社会主义，建设社会主义的法治国家，全面实施兴军、强军战略，人民代表大会制度，共产党领导的多党合作和政治协商制度、民族区域自治制度，基层群众自治制度，全面深化改革，全面建成小康社会，走中国特色社会主义治理之路等。

经济方面：公有制为主体、多种经济成分共同发展的所有制结构，按劳分配为主、多种分配方式相结合的分配制度，社会主义的市场运行机制，推动经济发展新常态，推动形成绿色发展方式和生活方式，不断扩大中等收入群体，支持发展小微企业等。

文化方面：以马克思主义为指导的百花齐放、百家争鸣制度，坚持和巩固党的意识形态的领导，建设网络良好生态、发挥网络引导舆论反映民意的作用，提高党的新闻舆论的传播力引导力影响力公信力，实现传统文化创造性转化，创新性发展，培育和弘扬社会主义核心价值观，吸纳先进的世界文化等。

外交方面：走和平发展道路，和衷共济、合作共赢，推进中国特色大国外交，推动构建人类命运共同体，促进“一带一路”国际合作，提高我国参与全球治理的能力，构建创新、活力、联动、包容的世界经济等。

以上国策都是我们政治传播的内容。要做好国家基本政治制度的传播并取得良好效果，我们应在以下诸方面下功夫：

第一，通过政治传播，坚定对中国特色社会主义基本政治制度的自信。

要跟大家讲清楚，我们不是盲目自信。我们的信心源自我国的基本政治制度的设计和发展，是从国情出发的，既有历史经验，又有现实的实践性。而且经过历史证明，许多政治制度在调节政治关系、建立政治秩序、推动国家发展、维护国家稳定方面起到了巨大的作用。

我国的基本政治制度之所以说是先进的，是因为我国领导层是依法有序更替，而不是通过相互攻击，搞垮对方而上位的；人民可以依法管理国家事务和社会事务、管理经济和文化事业；人民群众可以畅通表达利益要求；社会各方面能有效参与国家政治生活；国家决策科学化、民主化；各方面人才能通过公平竞争进入国家领导和管理体系；执政党能依照宪法法律规定实现对国家事务的领导，权力运用能得到有效制约和监督。

媒体要通过生动事例的报道，强化人们对我国国策的自信。

通过新闻报道，充分表现我国人民对我国政治制度的获得感、幸福感。据2013年皮尤调查显示，中国有85%的人对国家的国策和发展方向满意。而美国仅有31%的比例。

第二，警惕有人将基本政治制度作为深化改革的对象。

当前，有一股逆流在暗中涌动，企图呼应国外敌对势力，搞垮我国的基本政治制度，阻挠我国的政治方向。

在政治上，他们打着“宪政民主”的幌子，主张取消共产党领导的人民民主专政以及人民代表大会制度，倡导西方的多党轮流执政、议会民主、三权分立制度。

在经济上，他们打着新自由主义的旗号，主张取消公有制的主体地位，进行彻底的市场化等。

这些人通过网络、讲台等平台，散布这些蛊惑人心的言论，我们必须旗帜鲜明地进行批驳，要让人们擦亮眼睛，不受误导，维护我国的政治安全。

三、矢志不移拥护中国共产党

世界上没有哪一个国家的人民对待自己国家的政党，像中国人民对待中国共产党这样，有如此真挚深厚的感情。

1921年，从南湖红船启航，中国共产党引领中国人民花了28年时间缔造了新中国。此后红船变成巨轮，带领中国人民朝着社会主义方向前进，冲破惊涛骇浪，开始了中华民族伟大复兴的航程。

从建国到强国，中国人民见证了中国共产党的领导英明，路线正确，因而从内心拥护中国共产党。

从党执政70多年的历史中，中国人民有着从未有过的获得感、幸福感，“为人民服务”“立党为公”“以人民为中心”，中国共产党让中国人民站起来，富起来，强起来，让中国人民坚定信心跟着中国共产党走康庄大道。

中国共产党是个有九千多万党员的大党，也难免有少数人腐败变质。可是，中国人民看到，中国共产党全面推动从严治党，坚定不移推进党风廉政建设和反腐败斗争，并形成了全面覆盖国家机关及其公务员的国家监察体系，扎紧制度的笼子，严肃党内的政治生活，加强党员的党性，使每个有权力的党员做到不敢腐、不能腐、不想腐。让中国人民见证了中国共产党的自我治理能力，自我纠错能力，自我纯洁能力。对这样的党，人民怎能不信赖，怎能不支持。

坚决拥护和维护中国共产党的领导，听党的话，跟党走，把一切献给党，应当是传媒政治传播永恒的主题。

第二节　形塑社会主义的民主政治

我国新时代的政治传播，应朝着畅通民众表达渠道、政府制度建设方向努力，以促进和发展社会主义的民主政治。

一、畅通民众表达渠道，加强政治沟通

畅通民众表达渠道，加强政治沟通有两个层面。所谓外沟通，一是指执政党（政府）“与其他党之间的政治沟通”，二是指执政党（政府）所代表的官方与社会之间的政治沟通；所谓的内

沟通，主要是指执政党（政府）“内部的政治沟通。”[①] 大众传播，关注与重视的应是外沟通，而且更多地做好“官方”与“社会”的沟通。这里的“社会”涵盖“人民”。

中国正处于社会主义初级阶段的转型时期，社会结构在分化，人民中出现了不同“利益群体”。这些利益群体又有强势弱势之分。政商精英与成功人士形成强势利益群体，普通民众则成为弱势利益群体。掌握着各种社会资源的强势利益群体，往往很容易获得表达的机会，而普通民众占有的社会资源较少，他们的表达机会也较少。大众传媒在政治传播中应特别关注这些沉默的大多数。

利益表达是实现利益的第一步骤，美国政治学家阿尔蒙德认为：“当某个集团或个人提出一项政治要求时，政治过程就开始了，这种提要求的过程就称为利益表达。而利益集团要求成功与否，取决于利益综合、政策制定和政策执行的整个过程。利益表达只是这个过程的第一阶段。”[②]

为此，大众传播应在政治传播中为民众提供利益表达的渠道，让他们话有地方说，有人听，有回应。

我国正处深化改革期，改革是利益结构的调整，一部分群体会在改革中受益，一部分群体会利益受损，尽管国家会进行各方面利益的平衡，但不可能面面俱到。这就需要大众传媒的人文关怀，为弱者提供说话的机会，或者为弱者代言。

广播电视、报纸刊物、政府网站，都应该成为民众发声的平

① 荆学民，段锐．政治传播的基本形态及运行模式［J］．现代传播，2016（11）．

② ［美］加布里埃尔，阿尔蒙德，鲍威尔等．比较政治学——体系、过程和政策［M］．曹沛霖，郑世平，公婷，陈峰，译．上海：上海译文出版社，1987：199．

台。特别是传统媒体，可利用走基层、办点的机会，或是城市社区调查的实践，倾听民声，了解他们的意见和愿望，直接或间接为他们发声。

《武汉晚报》记者获悉，有群众反映武汉大部分新房甲醛超标，感到群众健康无小事。于是，便组织记者与一家室内环境监测机构联手对市内 100 套新房进行检测分析，发现有 74% 的新房甲醛超标。通过采访专家，记者了解到甲醛超标的原因、危害及治理办法，予以整版报道，群众对此十分满意。

农村留守儿童的教育问题一直是一个关乎社会稳定和发展的国计民生问题，对于这样一个弱势群体的困难，《武汉晚报》记者通过调研，发现郏城四小在留守儿童的教育问题上解决得很好。记者通过驻校采访，走访大量学生家庭，刊发了通讯《“留守儿童第一校”名额堪比“专家号”》，报道了郏城四小对近 2000 名留守儿童进行精细化教育管理的生动事例。这篇独家报道引起社会强烈反响，近百家网站转载，并引起新华社、《中国教育报》《工人日报》的关注，纷纷跟进报道，形成一种关注农村留守儿童报道大会战，同时引起了教育部领导的重视，批示要推广郏城四小的经验。

电视问政节目是群众与政府官员直接对话的一种节目形态，节目中的群众代表可以直接对政府工作发表意见和建议，政府当即回应，政治沟通的效果很好。这一类型的节目由郑州电视台于 2002 年的《周末面对面》首开先河。近 20 年来，电视问政节目几乎在省、市级电视全面推出，节目也逐步成熟。由当初的“个案问责”，变成一档官民共商共建社会建设的政治性节目，充分展现了我国政治民主协商一道风景线。

杭州文广集团电视问政节目《今日关注》《民情热线》《公

述民评》，围绕市委市政府的中心工作和重大民生问题，邀请群众代表、学界代表和政府官员面对面，问政、问责、问计，开展建设性舆论监督与对策研究。通过电视媒介，开启了党和政府广纳民意的政治沟通渠道。特别是杭州的电视问政节目，有意识地组织大学生参与，这是一个有意义的创举。大学生具有一定的知识水平，思想活跃，引导他们参与电视问政节目，给他们提供参与市委市政府重大工作方案和实施意见的调研机会，参与社会舆情的收集、分类、分析，这就为大学生有序政治参与提供了条件，强化了大学生对主流意识形态与核心价值观的认同，对大学生日后能尽快融入社会，加快大学生的社会化进程十分有益。另一方面，对节目来说，对提高节目的思辨色彩和观赏性也是大有裨益的。电视问政节目是一档政治沟通节目，它不但沟通了官方与民众，还沟通了官方与大学生，沟通了大学生与社会。

对于传媒来说，每年的人大、政协两会报道，是政治传播的重头报道。两会报道，也是一种政治民主协商，政府与民众交流的政治沟通。关于两会报道，既要报道好会议的程序性内容，更要报道好政府的工作布置安排，代表、委员的意见与建议，沟通双方都要照顾到。

对于人大代表、政协委员讨论政府工作报告和最高检、最高法院工作报告时，提出的中肯的意见和建议，要关注要报道，以体现民主协商的氛围。两会不是政府或“两院”的“独白”，而是对话；不是政府的单向政治传播，而是双向传播。

还有政府重大事项决策前的听证会制度，和两会制度一样，是我国独创的政治民主协商制度，也是政治传播创造性的好形式。听证会，一般都是直接涉及群众利益的事项的事前协商。通过协商，达成共识，能化解许多矛盾冲突，特别是避免群体性事件的发生。

畅通民意表达渠道，要特别关注弱势群体，维护社会公平正义、规则公平。使弱势群体不被边缘化，让他们公平地使用利益表达权力。这就是“媒体正义”的体现。媒体正义的指向就是要让少数族群的媒体参与和发声，使媒体上各类人的话语权能得到均衡的分配。

话语是一种权力。法国社会学家米歇尔·福柯说：话语“是各种机构通过一种界定和排斥的过程运用其权力的手段，话语即权力。”① 大众传媒上的话语自然也是一种权力，一种民主的权利。然而，广播电视的时长是有限的，报刊的版面篇幅也是有限的。这就要求媒体能公平地分配时间和篇幅，让所有人都能获得这种民主权利，无论是老年、儿童、健康人、残疾人、汉族还是少数民族、城市居民还是农村农民等，都应一视同仁。而且，更多的是通过政治传播来获得这种权力。

当少数族群在政治表达上有这样那样的困难时，大众传媒应通过口头采访、言论等形式为之代言。为群众代言，特别是为弱势群众代言，既要从民众的视角出发，也要从国家的视角考虑，要起到衔接民众与政府沟通的作用。既要表达民众的愿望，也要及时表达政府的回应。

孙立平指出：“在一个利益分化的社会，表达和争取自己利益的行为，意味着社会政治参与。这种参与包括利益诉求的表达，也包括为达到争取利益的目标而采取的施加压力的方式。而这就往往成为社会冲突的源头。……冲突各方的行为选择以及作

---

① ［英］约翰·斯道雷. 文化理论与通俗文化导论［M］. 杨竹山，郭发勇，周辉，译. 南京：南京大学出版社，2001：130.

为行动框架的制度安排，就起着至关重要的作用。”[①]

干部蹲点、领导下基层，也是社会主义中国特有的政治传播和政治沟通形式，并已逐步形成一种民主政治制度。这一坚持了几十年的传统制度，让政府与民众增添了诸多对话的机会，民众的愿望、困难、需求，政府都能心中有数。而且民众在自己家门口就能与政府对话，方便快捷，立竿见影。特别是国家领导人到基层视察，更拉近了国家领导人与民众的距离，使他们更了解下情，更熟悉国情。也让民众增进了与国家领导的感情，感到他们并不遥远，促进了彼此之间的心心相印，呼吸相通。

无论是人大、政协会议的召开，各种听证会的举行，还是干部蹲点，领导下基层，都应该关注一个共同的问题，那就是倾听。

倾听，在这里只是一个政治学概念，不是生理学的概念。在广播电视诞生之前，演说成为一种大众传播的形式。演说家为了传达某种观点或某种信息，在大庭广众中演说，在场的听众聚精会神地倾听。后来，“倾听”一词被引入政治传播，特别是政治沟通之中。

关于倾听的定义，林林总总。其中之一是从认知的角度，是指听众从认知的向度对所听到的信息的注意、理解、接受、解释。后来，有学者认为倾听也离不开情感，由此就将听众从演说中感受到的情感温度及感动、悲喜等情感共鸣纳入“倾听”的定义之中。当然，倾听还涉及一个听者是否有意或无意接受的主观愿望问题。

为此，我们给倾听下的定义是：听者愿意接受言者的话语，

① 孙立平. 社会断裂三部曲［M］. 北京：清华大学出版社，2009：321.

并对言者的话语进行注意、理解、接受、解释的认知活动，伴随着认知活动的还有听众的情感是否共鸣等因素。

对于政治沟通中的倾听，无论是两会，还是听证，或是干部蹲点，领导视察都有所涉及。

作为听者的政府官员、媒体记者，或是两会人员、民众，都有一个认真倾听和用心倾听的问题。所谓认真倾听，意味着不能心不在焉，不能假装在听。所谓用心倾听，意味着诚心诚意，与听者情感呼应。

良好的政治倾听可以增进政治对话双方的感情，双方互信，并形成良好的互动，更容易达成共识。

在政治沟通或政治对话中，民众的倾听固然重要，但政府官员的倾听更为重要，现实生活中，官员不认真倾听，不耐烦倾听，听不进去不同意见等现象普遍存在，影响了对话沟通的效果。因此，进行政治对话的官员，不仅要注重自己的政治表达能力，而且要学会倾听，提高自己的倾听能力，广泛倾听各方面的意见。较高的倾听能力有助于增长见识和才干，有助于提高执政能力。

二、推进政府信息公开与政治传播互动

政府信息公开，能让公民及时获得他所需要的信息，是政治传播题中应有之义，也是我国新时代政治传播重要的价值取向之一。

公民获得政府的相关文件，让民众知悉政府的决策决议，是公民法定的知情权与监督权。为此，2008 年，《政府信息公开条例》，由国务院正式颁布。“以公开为原则，以不公开为例外”，为其主旨，要求各行政主体有义务依条例向申请人或社会公开展

示相关信息，并允许查询、摘抄和复制。

2016年2月，中办和国办联合发布了《关于推进政府信息公开工作的意见》，要求借助“互联网+政务”的形式，达到政务公开的三大目标：一是推进政务阳光透明；二是扩大政务开放参与度；三是提升政务公开能力。这是对《政府信息公开条例》的落地的一大举措。

目前，各级政府都是有政务微博的。微博主要内容有：关于便民服务、涉及向公众提供社保、户口、交通等基本服务；生活常态：普及各种知识；政务公开：主要涉及重要事项决策；新闻报道：主要是政绩介绍，网络论坛。

政务微博不但为政府的信息公开提供了方便，也为公民获得政府信息提供了便利。同时，将过去由政府单向发布信息变为政府与公民之间双向交换信息。这样，政府的信息在公民中能及时获得反馈，而公民对政府信息的反馈又能及时得到政府的回应，这一来一往，将政府微信微博变为政府与公民间的政治对话，提高了政治参与的积极性。政务微博微信对网民的政治态度产生了良好的影响。据中国城市治理2015年调查显示：政府新媒体对公民政治态度产生了以下正面影响：政府新媒体让我及时获得公共事务信息，新媒体上的公共信息更丰富翔实，政府新媒体提高了我对公共事务的兴趣，政府新媒体影响我对公共事务的看法。调查还显示，有16%的网民关注政府新媒体。[①]

政治传播的议程设置，素来由政府或传统媒体主导。政府新媒体的出现，打破了这一传统格局。出现了由民众来主导政治传

---

① 参见孟天广，郑思尧．信息、传播与影响：网络治理中的政府新媒体［J］．公共行政评论，2017（1）．

播议题的事例。由民众在政务微博上提出政府和民众共同关注的话题，引发政府的回应和民众的讨论，最后形成共识。这也建构了政府信息公开与政治传播的密切关系和良性互动。

回应民意是开放政府、服务政府的本质要求。“回应意味着政府对公众接纳政策和公众诉求要作出及时的反应，并采取积极措施来解决问题。某些时候，回应应该是政府首先提出解决问题方案，甚至是首先确定问题的性质。”①

这里所说的确定问题的性质，主要是分清公众反应的是“众意”还是“民意”。“众意”只是涉及的人个人意志的机械组合，自然包含着偏颇之处；而“民意”则是将所有人意志中相一致的部分提炼出来构成的公共意志，它代表着公共利益，反映着群体人民的公共意愿，是公正无私的。民意不是对个体、家庭或是团体利益的关照，它是对人们共同的根本利益的彰显。所以，“众意”不是“民意”，“众意”代表不了“民意”。② 因此，政府在回应公众的诉求时，一定要分清是“众意”还是“民意”，并采取不同的回应和处置方法。

党的十九大闭幕不久，中共中央印发了《中国共产党党务公开条例（试行）》，“党务公开”以制度化的形式被确定下来。政务、党务公开，体现了我国信息公开制度的全面健全发展，也为我国加强共产党与人民的联系沟通进一步打开了渠道。

三、政府的新闻发布与民众的响应

新闻发布是党和政府进行政治传播的一种重要形式，也是民

---

① ［美］格罗弗·斯塔林．公共部门管理［M］．陈宪，王红，金相文等，译．上海：上海译文出版社，2003：95．

② 参见刘小燕，秦汉．政府回应民意的理性选择［J］．新闻大学，2015（1）．

众面临重大社会问题时获取相关信息及党和政府态度、举措的重要渠道，这无疑是我国民主政治进步发展的重要表现。

从 1983 年 4 月外交部率先设立新闻发言人制度以来，我国新闻发布制度，从中央到地方各级政府广泛建立，目前已形成中央各部委、省（区）、地市三级政府的三级发布架构。特别是 2013 年 11 月，党的十八届三中全会明确指出“推进新闻发布会制度化”。随后，中办、国办印发《关于建立健全信息发布和政策解读机制的意见》，进一步完善了政府新闻发布制度。

2017 年 5 月，国务院新闻办公布 2016 年度新闻发布工作评估考核结果，进一步督促和推动了新闻发布制度的发展。

2003 年的非典时期和 2020 年的新冠肺炎流行期间，像这样的特殊时期，新闻发布不仅能为公众提供公共信息服务，维护公众知情权，增加政务透明度。而且，能迅速辟谣，将真相告知公众，因为政府的权威性，能及时以正视听。同时，将政府应对突发公共事件的举措公布，能稳定社会情绪，安定人心。特别是政府举措，比如居家隔离、戴口罩、勤洗手等，能及时得到公众的配合响应。这次我国新冠肺炎疫情能及时控制，防控效果特别好，新闻发布功不可没。

十分明显，新闻发布是政府信息公开的一种主要方式。《中华人民共和国政府信息公开条例》第三章“公开的方式和程序”第十五条规定：“行政机关应当将主动公开的政府信息，通过政府公报、政府网站、新闻发布以及报刊、广播、电视等便于公众知晓的方式公开。”对于不善上网的中老年来说，报刊、广播、电视是它们获取新闻发布内容的最便利渠道。因此，传统媒体应积极配合政府做好新闻发布。

第三节 营造良好的政治生态环境

我国良好的政治生态环境，主要包括先进的意识形态，高效清廉的政府，稳定和谐的社会和文明有素的公民。这良好的政治生态，也是我国政治传播的目标之一。

一、先进的意识形态

意识形态，是一个国家占统治地位的思想意识。它包括对国家所决定的道路，崇尚的理论，所执行的政治制度以及民族文化的全民认同和坚定信念。

先进的意识形态的理想状态，就是道路自信、理论自信、制度自信、文化自信，这是政治传播的重要价值取向之一。

马克思主义是我们立党立国的根本理论，一个多世纪来，马克思主义与中国的革命、建设相结合，产生了巨大的能量，取得了举世瞩目的成就。当今中国，对马克思主义的态度要防止两种思想倾向：一是过时论，对马克思主义产生动摇，甚至背离或放弃马克思主义，这是十分危险的，苏联的解体就是一个沉痛的教训；二是教条主义，脱离中国实际，生吞活剥。恩格斯说：“马克思的整个世界观不是教义，而是方法。它提供的不是教条，而是进一步研究的出发点和供这种研究使用的方法。”①

以习近平同志为核心的党中央，运用马克思主义解决中国实

① 转引自庄锡昌，顾晓鸣，顾云深等编．多编视野中的文化理论［M］．杭州：浙江人民出版社，1987：118.

践，成功使马克思主义与中国实际相结合，从而发展了中国社会事业，也发展了马克思主义，成为新时代的典范，更加坚定了我们的理论自信。

社会政治制度，是人民享有民主、平等、自由权利的保证，也是维护社会正常秩序，维护社会平稳发展的基石。我国的国体、政体，中国共产党领导的多党合作和政治协商制度等根本政治制度，以及调整民族关系、宗教关系、阶层关系、海内外同胞关系等诸多方面的基本政治制度，经过实践证明都具有显著的优越性。并且，我国在坚持根本政治制度、基本政治制度的基础上，不断推进制度体系完善和发展。

政治传播要展示我国政治制度的先进，以及人民的坚守与发展，人民的制度自信。

文化学者泰勒把文化归纳为“整个生活方式的总和”，他说：“文化或文明，就其广泛的民族学意义来说，乃是包括知识、信仰、艺术、道德、法律、习俗和任何人作为一名社会成员而获得的能力和习惯在内的复杂整体。”① 分析这个定义，我们可以理解为文化的组成要素有四种：规范、价值、信仰和表意象征符号。

中华民族有着五千年连绵未断的文明史，我们有着道德规范、法律规范甚至家庭规范等无所不及的规范；有着追求的人生价值、事业价值等价值标准；中国人追求的是大同社会的理想；中国创造了璀璨的文学艺术：诗经、楚辞、唐诗、宋词、元曲、明清戏曲等。

今天，有着坚定的文化自信的中国人民，正在努力实现传统

---

① 转引自庄锡昌，顾晓鸣，顾云深等编．多编视野中的文化理论［M］．杭州：浙江人民出版社，1987：118.

文化创造性转化、创新性发展。同时，以海纳百川之势，吸收外来文化的精华，以丰富中华文化。

政治传播中要多呈现丰富多彩的中华文化观，以及推陈出新促进中华文化发展的努力。

二、助推高效清廉的党委政府建设

通过对党风廉政建设反腐败斗争的报道，通过对公务员监察工作的报道，通过对各级党委巡视工作的报道，助推高效清廉党委、政府的建设。

党的十八大以来，党和政府着力解决管党治党失之于宽，失之于松，失之于软的问题，打老虎、拍苍蝇，使不敢腐的震撼作用充分发挥，不敢腐、不能腐、不想腐的效应初步显现，反腐败斗争取得阶段性成果。同时，一系列从严治党的政策出台：《中国共产党廉洁自律准则》《中国共产党纪律处分条例》等，边破边立，大力加强了从严治党的制度建设。

从严治党，标本兼治，有力地净化了政治生态。政治生态好了，人心就齐了，正气就足了。

2016 年 1 月，行政监察法形成全面覆盖国家机关及其公务员的国家监察体系。中央纪委、国家监察委员会合署办公，中央纪委履行党的纪律监察和政府行政监察两项职能，也就是说既要管党又要管政。强化党内监督是为了保证立党为公，执政为民；强化国家监察是为了保证国家机器依法履职，秉公用权。多年来的监察工作，促使了政风清朗，公务员工作不敢懈怠，便民措施不断创新，“索拿卡要”的不良风气得到收敛，勤政为民风气正在形成。

中央和省的巡视监督，是从严治党的利器，是党的监督的战略性制度安排。这是对我国自明代以后八府巡按制度传统的创新性继承和发展。巡视工作重点检查被巡视党组织是否维护党章权威、贯彻从严治党方针、执行党的路线方针政策和决议，是否存在党的领导弱化、主体责任缺失，从严治党不力等问题，督促其担负起管党治党责任。要以党的纪律为尺子，重点检查整治纪律执行情况，着力发现腐败、纪律、作风和选人用人方面的突出问题，更好发挥震慑遏制治本作用。

传媒要努力报道党内监督同国家监察、群众监督结合起来，同法律监督、民主监督、审计监督、司法监督、舆论监督等的协调情况，呈现所形成的监督合力，推进国家治理体系和治理能力现代化，建设高效清廉的党和政府，气朗风清的政治气象。

三、构建稳定和谐的社会

21 世纪人类面临着五大挑战：人与自然的冲突，人与社会的冲突，人与人的冲突，人与心灵的冲突，文明之间的冲突。我国要构建和谐安定的社会，就必须化解这些矛盾冲突。有学者认为“化解人类五大冲突之道，大同和平理想和合学是最佳化的文化方式的选择和最佳化的价值导向。”①

“和合（也称合和），是中华民族独创的哲学词汇和文化理念。和，指各要素的联系共处，合，是指各要素的汇拢团聚。将和合连用，是指多种元素、要素在系统和动态过程中有机组织、结构为新的事物和新的生命。”

我国在先秦时期就正式提出了和合这一理念，《国悟·郑语》

① 张立文．走向世界的中国文化［M］//中国大学人文启思录．武汉：华中理工大学出版社，1996：88.

曰："商契能和合五教，以保于百姓者也。"意思是说：有了父义、母慈、兄友、弟恭、子孝五教和合，就能使百姓安身立命。

和合文化精神渗透到了中华民族的骨子里。在我国的外交和平共处五项原则中，在建设中国和谐社会的思想中，都可以看到它的影子。

习近平总书记创造性地继承和发展了中国传统文化，在他构建和谐安定社会的讲话中，充满了中国传统的和合文化精神，充满了"以和邦国""和而不同""以和为贵"等精神。他用这些和合文化精神化解人类五大冲突，构建我国的和谐社会。

关于化解人与自然的冲突的阐述：人类只有一个地球，人类共有一个家园，珍爱和呵护地球是人类的唯一选择。坚持绿色低碳，建设一个清洁美丽的世界。要坚持保护优先、自然恢复为主，实施山水林田湖生态保护和修复工程，加大环境治理力度，改革环境治理基础制度，全面提升自然生态系统稳定性和生态服务功能，筑牢生态、安全屏障。保护生态环境应该而且必须成为发展的题中应有之义。树立"绿水青山就是金山银山"的强烈意识，努力走向社会主义生态文明新时代。推动形成绿色发展方式和生活方式。人类发展活动必须尊重自然、顺应自然、保护自然。人与自然是一种共生关系。

（一）关于化解人与社会的冲突

人与社会的冲突，主要表现为人的越轨行为对社会造成的危害，或者是人的越轨行为未得到社会的公正处理而造成社会的分裂。化解人与社会冲突的办法，就是要规范人的社会行为，这种规范就是道德和法律的规范。

关于法律和道德规范的作用，以及如何加强新时代的法治和德治，以习近平同志为核心的党中央，都有明确的阐述和追求的目标。

法律是准绳，道德是基石。法律是成文的道德，道德是内心的法律。法律和道德都具有规范社会行为、调节社会关系、维护社会秩序的作用。法安天下，德润天下。法治和德治不可分离，不可偏废，国家治理需要法律和道德协同发力。社会能够安全和发展，良好的法治和德治是保障。

引导人们自觉履行法定义务，担负社会责任、家庭责任，营造全社会都讲法治、守法治的文化环境。法律法规要树立鲜明道德导向，要把社会主义核心价值观贯穿其中，弘扬真善美，打击假恶丑。要加强对失德行为的整治，建设覆盖全社会的征信系统，完善守法诚信褒奖机制和违法失信惩戒机制，加大惩治见利忘义、制假售假等违法行为。

弘扬中华民族传统美德，以德修身，以德齐家，注重家庭、家教、家风，带动全社会崇德向善，遵纪守法。深入实施公民道德建设工程，深化群众性精神文明创建活动，表彰全民守法道德模范，表彰优秀法律工作者。

（二）关于化解人与人的冲突。

人与人之间的冲突，主要表现为社会各利益集团之间的矛盾冲突。中国的贫富两极分化开始出现，少数富人不仁，引起穷人的仇富心理，贫富冲突加剧。化解这种矛盾，一是社会要努力发展经济，早日打赢扶贫开发攻坚战和全面实现小康社会攻坚战；二是社会制度公平正义，并向贫困人口倾斜；三是富裕阶层要为社会做更多贡献，更多投入慈善事业，扶贫济困。

抓发展经济，带动就业。鼓励创业、扩大就业，增加城乡居民收入。2020 年是决胜全面建成小康社会和“十三五”规划实现之年，决战脱贫攻坚收官之年。打赢脱贫攻坚战是实现全面建成小康社会目标的重大任务。2021 年 2 月 25 日，习近平总书记宣布中国脱贫攻坚战取得了全面胜利。全面脱贫，全面小康，可以缩小贫富差距，实现保基本、保底线、保民生的兜底目标。

针对群众最关切的就业、教育、医疗、养老、脱贫等问题，出台相关政策，适当向贫困人口倾斜，体现社会公平正义。集中力量做好普惠性、基础性、兜底性民生建设，不断提高公共服务共建能力和共享水平。

坚决打击非法集资、信息泄露、网络诈骗等案件。要针对特定人群特殊困难加强帮扶。抑制房地产泡沫，“房子是用来住的，不是用来炒的。”要帮助解决无房户的困难。扩大中等收入群体，维护社会和谐稳定。

倡导一方有难，八方支援精神。鼓励无私奉献精神，倡导慈善事业献爱心，捐款捐物，纾困解难，帮助落后地区办学及其他公共事业。

（三）关于化解人的心灵的冲突

人的心灵的冲突，主要是焦虑、无助、抑郁、失常等心理疾病的发生，心理健康受到损害。解决之道在于推进全民健康建设，消除产生心理疾病的因素。

我们要以普及健康生活、优化健康服务、完善健康保障、建设健康环境、发展健康产业为重点，加快推进健康中国建设。

要倡导健康文明的生活方式，树立大卫生、大健康的观念，把以治病为中心转变为以人民健康为中心，建立健全教育体系，提升全民健康素养，推动全民健身和全民健康深度融合。

全民健康要强调身心健康，要加大心理健康问题基础性研究，做好心理健康知识和心理疾病科普工作，规范发展心理治疗、心理咨询等心理健康服务。

消除心理疾病因素，要做多方面的工作，当前要突出解决一老一少的问题。目前，我国老龄化问题突出，老年人群体在不断扩大，面对一个独生子女要赡养四个老人的困境，老年人感到焦虑、无助。我们要建立健全社会养老机构，倡导多种方式养老，养老既要关心老人的身体健康，又要关心老年人的心理健康；既要关心老年人的物质生活，又要关心他们的精神生活。

农村留守儿童的身心健康也是一个突出的问题。留守儿童缺乏父母关爱，缺乏家庭温暖，容易对他们的发育成长产生影响，产生心智不全，性格孤僻，少言寡语，不合群等心理障碍。学校和社会不但要关心他们的物质生活，还应多给予他们关爱和温暖。

（四）关于化解文明之间的冲突

文明之间的冲突主要表现在强调各方文明的优越性，要以自己的文明强加于人，通过武力或渗透的方式改变对方的文明。

化解文明之间冲突的途径有三：一是充分尊重不同文明；二是文明之间开展对话交流；三是构建人类命运共同体。

人类文明的多样性构成了这个丰富多彩的世界，这是不容否认的事实。世界上有200多个国家和地区、2500多个民族、多种宗教，不同历史和国情，不同习俗，孕育了不同文明。文明没有高下、优劣之分，都应受到尊重，文明差异不应该成为世界冲突的缘由。

要促进和而不同，兼收并蓄的文明对话交流。要对话，不要排斥；要交流，不要取代。要平等相待，互学互鉴，兼收并蓄，推动人类文明实现创造性发展。

和平、发展、公平、正义、民主、自由，是全人类共同的价值观，也是联合国宪章精神。当今世界，各国相互依存、休戚与共，一荣俱荣，一损俱损，我们要构建以合作共赢为核心的新型国际关系，打造人类命运共同体，为各种文明共同繁荣发展创造共同的空间。

和谐的国际环境是我国建立和谐社会所必须的。

化解人类五大冲突，建立和谐社会，应视为传媒政治传播的着力之处。党和政府在这方面的决策方针，必须下大力气宣传。

第四章

新时代中国政治传播的逻辑演进

我国新时代的政治传播，因历史环境的变迁，文明的进步，民众民主意识的增强，不能沿袭过去的模式，操作上必须有所改革，以取得更好的传播效果。本章将以改革会议报道、变革典型报道、传播形态多样化等方面切入，对新时代的政治传播革故鼎新。

第一节　会议报道的出新

这里所说的会议，是指党政部门召开的有关政治议题的会议。

会议报道是我国政治传播的最主要最常见的形式。但是，目前一些会议报道并未取得期望的效果，形成“非传播”现象，其中原因是多方面的。会议报道要取得预期效果，必须获得良好的政治阐释成效。

一、会议报道遭遇“非传播”

我国党和政府的政令政策、决议决策、政治观念和政治工作，都是通过会议报道来传播的。会议报道起着政治动员、社会规范等作用。

可是，会议报道因一直沿袭旧的僵化的模式运行，枯燥乏味，难免遭遇“非传播”的尴尬，也就是会议报道少有人看少有人听。

我们知道，会议报道属于政治传播。它“传播政治信息也传播政治话语。政治信息是关于政治活动、过程和结果具有较客观性的事实内容；政治话语是政治活动、过程和情景具有强烈主观意图和目的的意识形态内容，是服务政治权力关系的意义和目的的直接表达。”①

而会议报道会遭遇“非传播”现象，主要是在政治信息和政治话语方面出了问题。

“非传播”，是指传播主体与客体之间信息没有正常传播或者到达的状态，也就是说会议报道在传播中出现了三种情况：一是读者没有阅读会议报道；二是阅读了并未产生“意义的共识”；三是阅读后只是产生“部分共识”。这三种现象以第一种为多。②

会议报道之所以会出现这种“非传播”现象，主要原因在于两个方面：一是政治话语生硬老套；二是政治信息量少。

政治话语本来就抽象、理性，如果再加上一些大话、空话、套话，再加上一成不变的八股格式，使人望而生厌，会议报道的

---

① 施惠玲，杜欣．政治传播内容中政治信息与政治话语的区分及其意义［J］．南京社会科学，2016（3）．

② 参见张宁．政治传播中的“非传播”现象［J］．新闻记者，2016（4）．

可读性也大打折扣。当会议报道充斥着：高度重视、英明决策、高瞻远瞩、亲切关怀、高度评价、欢欣鼓舞等言过其实，甚至有些过奖过誉的词语时，受众会没有好感，敬而远之。加之只报道领导的话语，而这些话语因过于谨慎原则，很少生活化，不接地气。而与会者的话语往往被“一致认为”所取代，与会者双方缺乏交流对话，这样的官样文章味同嚼蜡，读者自然提不起阅读兴趣。

会议报道出现“非传播”现象的另一个原因，是会议报道的信息量少。也就是围绕政治议题、政治活动，过程和结果呈现的客观事实内容太少。一般采用宏大叙事，缺乏细节，表现内容太少。一般围绕一些宏伟的历史目标或高远的政治战略，释放出一些有限的信息，至于如何让这些“高大上”的目标落地的信息欠缺，或者这信息淹没在套话之中。

二、破解“非传播”之道

会议报道要让读者接受，在改革政治话语和增加信息的同时，还要为会议报道设置民众关注点，提高受众政治阐释的兴趣与积极性。

政治阐释，是政治传播的重要环节。“政治传播是政治信息扩散和被接受的过程，该过程必然涉及政治传播的对象——公民对政治信息的理解和解读，即‘阐释’。用解释学的概念来讲，阐释意味着阐释结合自身的体验，感悟文本的内容、结构，所要传达的意义以及阐释者对文本的解释和说明。”①

① 祖昊，荆学民．政治传播中“政治阐释”之辩证［J］．青海社会科学，2018(5)．

这里有一个关键词：阐释结合自身的体验，这就意味着文本与读者要密切相关。民众与这次会议有哪些利害关系，是与民众物质生活有关，还是精神生活有关；是与民众家庭生活有关，还是社会生活有关，等等。记者要据此设立民众关注点，来吸引读者。同时会议文本要阐述与民众的关系的具体内容，提升读者的兴趣。中国共产党和人民政府，“立党为公”“立党为民”，所有涉及政治议题会议，记者都可找到与民众息息相关的关注点。会议报道的标题或副标题，或者是导语中，将关注点凸显出来，以吸引读者的注意。网络上的标题党，故弄玄虚，甚至凭空捏造，名实不符，危言耸听，遭到大家声讨。但那种想方设法吸引受众注意的在标题上下功夫的动机，不是不可以借鉴的。

当然，提高会议报道的吸引力，让受众愿意接触它，这还是第一步，这也只是受众政治阐释的开始。而做到受众的政治阐释与传播主体目的的相契合，那会议报道的可读性便凸显出来。

可读性对会议报道的接受者来说，主要是要求话语平实和信息量大。

话语平实且带感情，具有亲和力。习近平总书记在这方面为我们作出了表率。他在政治传播中的一些话语，让人们感到生动形象有温度。如“绿水青山就是金山银山”“撸起袖子加油干”“幸福都是奋斗出来的”“中国梦”“把权力关进制度的笼子里”“增强看齐意识”“让人民群众有更多获得感”“使改革落地生根”“共同构建人类命运共同体”等，这些话语通俗易懂，朗朗上口，能让人口口相传。

信息丰富也是可读性不可或缺的条件。目前会议报道形成一种模式，会议在何时何地召开，谁主持会议，谁在会上发表重要讲话，哪些人参加了会议，形成了什么共识等。表面看五个 W 齐全，会议该有的都有，但信息量仍然稀少，关键是涉及会议的内容，充斥着不着边际的空洞无物的宏大叙事，信息稀少。

这种缺少信息的原因，往往是记者形成了一种惯例，记者匆匆到会，对会场拍摄几个镜头，拿了会议材料，便回去依葫芦画瓢。记者在现场很少捕捉到一些细节，也不知道会议报道者关键处脱稿讲了什么，这些脱稿时的讲话，既生动具体，又话语通俗，往往能从中获得许多信息，离会的记者自然获取不到这些信息。还有一个重要环节记者未能把握，那就是散会后采访与会者对会议的解读与看法。

三、“党代表通道”：会议报道的突破

2017 年 10 月 18 日至 24 日，党的十九大召开。在大会期间，首次设立了“党代表通道”，突破了会议报道的惯例。这一创造性的举措，从会议报道的角度，取得前所未有的效果。

有 60 位党代表，进入“党代表通道”，接受中外媒体记者的采访。通道上代表在三个节点接受全球一百多位记者现场采访，通过现场直播的形式在电视上、网络上视频播出。三个节点分别是十九大开幕式的早上，聆听了习近平总书记所作的十九大报告后的第二天（即 19 日）早上，还有一次是在 10 月 24 日大会胜利闭幕之后。

“党代表通道”的现场采访具有以下特点：

其一，会议参与者的反映得到充分呈现。据统计，当年中国共产党党员人数 8949.7 万名，参加十九大的党代表 2280 名。在接受采访的 60 名党员中，专业技术人员 31 名，女性 25 名，少数民族 4 名，工人 5 名，农牧渔民 2 名。其代表性比较广泛，精英

与一线人员成为突出的身份特征。[①] 他们代表全体与会者谈自己的亲身感受，显得真实可信。他们对会议进行了第一次解读，非常有利于受众的政治阐释。

其二，生动的话语对接政党理念话语，形成差异中的同一。接受采访的党代表，或谈过去五年的收获，或谈对大会报告的体会，或谈会后的打算，或讲现实情况，或讲中国故事。话语的多种表达方式，但都旨归于党代会精神。民间语言与官方语言融合，取得更好的传播效果。一线工人荀笑红介绍自己的工作“俗称叫掏马葫芦的”，质朴的语言加上她落落大方的笑脸，令人印象深刻。基层法官黄志丽说自己少女时代有个侠女梦，如今当上法官正好实现自己匡扶正义的梦想……在这里看到的不是脸谱化党代表，而是有着鲜明个性的形象。

其三，话题多样，信息丰富。采访中呈现出多种话题：如医患关系、人才培养、文化传承、一带一路、工匠技艺、特种教育等。

大量的信息从党代表答记者问中呈现：深海潜水器的成功、超级计算机的速度、中国大飞船、龙芯研制、大口径天眼望远镜、传感和测试的尖端技术……有着专家身份和工匠身份的党代表如数家珍地讲述着他们的创造和研究。来自国家超级计算天津中心的孟祥飞代表在接受采访时说，“近几年中国超级计算速度始终保持世界第一的位置，我们可能不太清楚，实际上我们每天看的天气预报，甚至做饭用的天然气，背后都有超级计算机的贡献。我想告诉大家一组数据，现在每天在天河一号平台上并发在

① 岳璐．中国共产党党员的媒介话语言说及其接合［J］．湖南师范大学社会科学学报，2018（2）．

线的研究任务有近 1400 项，每天要完成近万项的计算任务，这些任务来自全中国 10 多个省市 1600 多个科研团队和企业。”

代表凌解放在回答反腐问题时说，“通观二十四史，没有哪一个朝代，在反腐问题上有我们现在这么大的反腐力度。我们的党，正在让执行制度成为我们权力行使者的一种风气，一种习惯，进而成为一种性格，一种文化。”

其四，故事化的表达。故事化的叙述，是人们最容易接收的表达。在“党代表通道”接受采访时，许多代表运用了讲故事的方式。周宇代表在谈到中国特色的大国外交时，披露了一个鲜为人知的故事：有一位外国元首问刚上任的中国国家主席习近平：“您作为中国国家主席，您觉得您的首要工作是哪些?”习近平主席回答：“我始终放在心上的有这样几件事：五千年的中华文明不能搞丢了，老祖宗留下的地盘不能搞小了，我们确定的正确路线不能走歪了，老百姓的日子要过好了。”

中国人民解放军航天员大队特级航天员景海鹏代表，讲述了“三上太空”的人生经历，用故事阐释了航天强国的“中国梦”。

其五，理性与情感的有机结合。哈贝马斯的公共交往理论，用过分强调理性而反对情感的介入而遭到各国学者的质疑。学者克劳斯就认为：道德情感无论在个体的情感性判断还是在集体商议中都扮演着重要的角色。情感能够激发公众对公共议题的“关切”，促进公众之间的商议。①

自然，情感也是政治传播中不可或缺的元素。党代表在接受采访时，那充满个人情感的讲话，常能够调动人们的情绪和感受，不仅让现场记者，也让观看现场直播的观众产生移情与共情

① 参见袁铎.“情”为何物?［J］. 国际新闻界，2019（9）.

的效果。

复旦大学外文学院教授卢丽安深情地说：“我生长在宝岛台湾，我以台湾的女儿为荣，我以生为中国人为傲。”

这些充满激情的充满个性的话语，与理性的思维有机地结合在一起，取得政治传播的良好效果。

十九大的“党代表通道”，改变了当前政治传播由少数精英群体独挑重担的状况，开辟了群众参与政治传播的新途径。新媒体上“党代表通道”也影响巨大。一些党代表成为“网红”，网络的影响指数达72.6，超过近三年的平均值60.3。

第二节　充分发挥典型报道的政治动员作用

在延安时期就已兴起的典型报道经久不衰，其政治动员的作用也初心未改。在新时代，要坚守当年的政治动员的初衷，并随着时代的变迁，融入新的元素，革除已有的弊端，也是提高政治动员效果的期待。

一、延安时期典型报道的兴起

我国的典型报道源起于延安时期。陈力丹认为：“新中国新闻报道方式的传统，形成于二十世纪四十年代延安整风时期，而不是建立新中国的1949年。”① 吴廷俊、顾建明指出：“典型报道理论是延安时期形成的毛泽东新闻思想的一部分，并突出体现了

① 陈力丹. 新中国成立60年来典型报道演变的环境与理念［J］. 当代传播，2009（9）.

毛泽东新闻思想的特征。”①

这种典型报道的兴起，源自典型报道起到的良好的政治动员效果。郝仪从政治动员的视角，对延安时期的大生产运动进行了梳理分析，发现当时《解放日报》报道了大量大生产运动中涌现的先进典型，激发了边区人民学习和模仿的热情。吴满有就是当年最具影响力的典型，他的模范带头作用，就是最好的政治动员。

政治动员是政治传播的一种方式，也是政治传播所要达到的目标之一。政治动员可分为硬性和软性两种，硬性的政治动员一般是指政府发布的公告、动员会、通知等，直接诉诸动员的目的、内容、对象等。而软性动员往往通过先进模范典型的传播，起着潜在的影响作用，以引领民众效仿跟进。一般来说，两种动员会配合进行，可以取得更好的效果。先是典型报道传播开来以后，党和政府再发布通知号召民众学习。

新中国成立以来，二十世纪五十年代的王崇伦典型，对国民经济恢复时期工人增产节约起着动员作用。六十年代的铁人王进喜，激发了我国人民一不怕苦二不怕死的奋斗精神。八十年代的陈景润对哥德巴赫猜想孜孜不倦的探讨，激励着科技人员攀登科学高峰的毅力。九十年代对以郎平为首的中国女排的宣传，激发着中国人民的顽强拼搏精神。二十一世纪初对杂交水稻之父袁隆平的报道，引发人们探求提高农业产量的积极行动。2010 年代至今，媒体上大量的平民英雄，十大道德模范，十大感动中国人物等频频出现，引领民众的文明道德风尚和见义勇为善举。

① 吴廷俊，顾建明. 典型报道理论与毛泽东新闻思想［J］. 新闻与传播研究，2001（8）.

二、典型报道面临改革

我国的典型报道由于担负着政治动员的任务，难免宣传味很浓。长期以来，中国民众已经习惯。但是，进入新时代，网络媒体的出现，让人接触到一种新颖的典型报道方式，受众对传统媒体的典型报道感到一些不足，新华社的一项调查发现，68% 的被调查者认为，典型报道的主要问题是人物“都是优点，没有缺点”；61% 的被调查者认为典型报道存在着“模式化、概念化”；50% 的被调查者认为报道“空话、套话多”。民间普遍认为，这些“高大全”的先进典型离我们太远，难以学到；也有人认为，先进典型不顾家庭、不顾生病，难免有些不通人情；还有人认为，先进典型大多是已去世的，为什么活着的少……种种对典型报道的诟病，使典型报道的政治动员大打折扣。典型报道面临改革。

三、平民英雄报道突围

也许是期望从典型报道的模式化中突围，也许是对受众期望典型报道能接地气，中央电视台从 2010 年起，陆续推出“最美”系列的典型报道以及“全国十佳道德模范”“全国十大感动中国人物”等典型报道。“最美”系列先后有“寻找最美乡村教师”“寻找最美消防员”“寻找最美孝心少年”等。“全国十大道德模范”是报道实践核心价值观的突出人物的突出表现，而“感动中国人物”则是报道普通人在为人做事上最为感动人的事迹。

这些都是对平凡的普通人的报道。他们不是传统意义上的英雄，没有感天动地的英雄壮举，却在平凡的岗位上干出了不平凡的业绩，传递了令人振奋的正能量。如“寻找最美的消防员”中报道了原平消防大队的阳军，奋不顾身，在火海中救人的生动事迹。“寻找最美医生”中报道了位于中缅边境的拉马底村的乡村医生邓前堆，28 年坚持冒着生命危险溜索过江为少数民族治病的生动故事。又如“最美基层干部”中的传奇村干部黄栋材，作为江苏省张家港市永联村的党委书记，他在家乡兴办钢厂等企业，一心考虑发展家乡的经济改善父老乡亲的生活。重庆忠县少年黄材香，是“寻找最美孝心少年”报道中的一位，他家庭遭遇不幸，妈妈癌症去世，外婆瘫痪在床，外公断手，家庭的重担就落在他还未长结实的肩上。他勇敢而坚强地挑起家庭重担照顾外公外婆的饮食起居，这就是孝心的力量。

他们都是一些来自民间，整天为生活奔波的平凡的平民。但他们又确实是英雄，是一些了不起的人，有高尚的思想，有英雄的业绩，是可敬可学的人。

平民英雄系列走出了一条以传统典型报道不同的改革之路，它在以下三个方面有所突破：

其一，世俗叙事取代宏大叙事。传统的典型报道，采用的是从世界、国家的视角来观照英雄，以表现他们缅怀祖国，放眼世界的博大胸怀和高尚情操。我们需要这样的英雄引领社会。但这样的英雄难免“高大上”，人们只能仰视。

而平民英雄的报道，采用世俗叙事视角。世俗叙事，或称日常生活叙事，从微观和细节叙事。一般着眼于对他自己所从事的专业的敬业精神，他的工作在社会的重要位置进行考察和表现，并表现他的个性，甚至是性格缺陷，这样的平民英雄有血有肉，人们可以平视。

其二，多元话语取代宣教话语。传统英雄报道，有一套专门的宣教话语，这套话语抽象理性，书面语味太浓，常使用“我们”“大家”“群众”等复数话语，少有个体话语。

而平民英雄报道的话语，感性具体，且话语多元，既有媒体人的叙述话语，又有知情人的话语，特别是平民英雄本人的话语。这些话语平实，少修饰词，表达直截了当。整个话语离生活近，接地气，使人感到亲切。

其三，媒体仪式化命名取代国家书面命名。传统英雄的命名，一般由国家颁发荣誉证书，书面命名。命名，是一种奖励的方式。迈克·费瑟斯通指出：“命名需要制造新的名词，需要对事物和秩序进行新的指认和排列。”① 而平民英雄的命名，由媒体实行，并举行一定的仪式。“寻找最美”系列的命名由国家台实行，具有神圣性与权威性。如“寻找最美乡村医生”于2013年1月12日举行颁奖典礼命名，授予后民泰等11人为“乡村最美医生”，马云飞等10人为“特别关注乡村医生。”这里，不论是“最美乡村医生”还是“特别关注乡村医生”，都是央视创造的新名词，也是对医生序列进行的新的指认和排列。它不同于国家命名的英雄、模范和先进工作者，也不按医生职称和医术高低排序，而是按医德仁心，敬业精神，百姓的喜爱程度来排序。这种平民英雄因为亲民，所以令民众亲切热爱。

四、“非虚构写作”：典型报道的创新

“非虚构写作”，是时下“非虚构文学”或“非虚构新闻”的写作方式，已逐渐运用于典型报道的写作。

“非虚构写作”的概念是个舶来品，但写作实践早已在中国

① ［美］迈克·费瑟斯通．消化文化和后现代主义［M］．刘精明，译．北京：译林出版社，2000：56．

开始。十九世纪三十年代的左翼作家就开始运用它进行报告文学的写作。如果再往前追溯，可追溯到《史记》《汉书》《资治通鉴》等的写作。

近年来，“非虚构写作”再度在我国兴起。

2010 年《人民文学》开设“非虚构”专栏。次年，又发起“人民大地行动者”非虚构写作计划。

“非虚构写作”在大众传媒上实践，是从网络媒体开始的。2015 年 10 月，腾讯“谷雨”，网易“人间”，还有民间非虚构写作者建有同人平台“地平线”。界面“正午”“时尚先生”“南方人物周刊”“单读”“智者 GQ”等八家媒体联合发起中国非虚构作品创作联盟，宣示“以繁荣非虚构作品创作生态、发掘及培养优秀人才、普及中文非虚构的创作标准为己任。”

《智者 GQ》的主笔何滔曾在三个月的时间，在东北若干城市采访网络主播的工作与生活，写了记录网络主播的生存状态和生活状态的《喊麦之王》，表现了这个主流视野之外的文化现象，为这个生活在中国三、四线城市和农村的为数众多的主流文化外的传播者塑像。

《东方早报》的网络办“澎湃新闻”的非虚构写作起源于澎湃“人物”专栏，经团队努力，目前非虚构写作在中国蔚然成风。

传统媒体使用“非虚构写作”概念较迟，但其类似的写作方式在 1990 年代就已开始。《南方周末》的特稿和《中国青年报》的“冰点”特稿是传统媒体最早的先行者。之后《南方都市报》《新京报》等都市报也紧紧跟上。《南方人物周刊》《人物》等杂志，也在非虚构写作上成绩突出。电视的纪实型纪录片与纪实广播发展得风生水起。

非虚构写作新词，又称文学新闻，它是可以“三栖”的文体，既可以在新闻媒体刊播，又可以在文学期刊上登载，还可以上网。文学新闻不是给新闻文本加上形容词等文学色彩，而是以虚构文学的写作手法，比如人物塑造、场景描写、情节设置、铺垫、细节表现、对话、象征等诸多文学手法来表现新闻事件、新闻人物。但新闻事件、人物是真实的，不允许虚构。文学新闻是一种非常规的写作形式，它遵循常规新闻报道和表达真相的所有惯例。

近年来，新闻传播学也将非虚构新闻纳入研究范围之中，最具代表性的是周逵编著的《非虚构：时代记录者与叙事精神》，对新近新闻界非虚构写作者的实践经验口述做了记录。①

有研究者认为：“改革开放以来中国报纸新闻文体的发展，大致形成了三种基本范式：宣传范式、故事范式和专业范式。三种范式常共生于同一阶段和共存于同一家报纸之中。”② 南方特稿写作被认为承载了文学新闻的几大特征，场景结构、对话实录、细节描写，最典型的故事模式。

非虚构写作人物与传统的典型报道有诸多不同，值得借鉴。

其一，非虚构写作人物，强调故事化的叙述，重视故事场景的描写，对话的实录、细节的表现，上帝全能的视角。而传统的典型报道，只注重对事实的叙述，忽视场景的描摹，缺乏情节、细节单一的采访者的视角。

其二，非虚构写作人物，大都是平凡的小人物，甚至是被社

---

① 参见周逵．非虚构：时代记录者与叙事精神［M］．北京：清华大学出版社，2016.

② 刘勇．嬗变的轨迹——1978 年以来中国报纸新闻文体发展研究［J］．复旦大学新闻学院博士论文，2008.

会遗忘的小人物。然而，却能以小见大。作者往往从这些小人物身上寻找出生活的智慧和社会的意义。非虚构写作人物将光束射向过去光照不到的地方。《中国青年报》的“冰点”，第一期刊发的《最后的粪桶》，描写了一个在城市背粪的知青的坎坷生活之路。它与表现时传祥掏粪工人的典型报道不同，时传祥被毛主席接见，是一种工作不分贵贱，劳动最光荣的政治动员。而《最后的粪桶》则是对社会在前进，人们如何适应的思想启迪和动员。这是另一类的政治动员。

除了背粪工人，在非虚构人物写作中，又如梁鸿对梁庄社会群象的描写，何伟对江城社会群象的描摹，陈晓楠对华山挑失、东北黑土地知青群体的描写，南香红对二次世界大战细菌战受害者的刻画，刘邵华在四川凉山生活数年而写作的《我的凉山兄弟》等，这些非虚构人物写作，作者都以介入式或参与式观察体验人物生活。

其三，传统典型报道主要是记录先进典型的先进事迹和行动，而非虚构写作人物除了偏重故事外，还偏重书写对象的心路历程。让受众对人物产生某种领略或理解。也就是说传统的典型报道强调的对人物的效仿，而非虚构写作人物强调是对人物的思考。

其四，传统典型报道一般是表彰先进，彰扬英雄，而非虚构写作人物一般是描写小人物，甚至用来讽刺鞭挞丑类。《人物》杂志 2013 年 2 月号刊载的《厉害女士》，描写对象是河南省兰考县收养弃婴的袁厉害女士。有报道袁女士自称对收养的 100 多个孩子一视同仁，如同己出，可事实却是小孩被她分为几等，享受着不同待遇，人物写作运用如此的对比手法，讽刺袁厉害言行不一的丑行。

五、典型报道的多媒体呈现

日新月异的新技术，催生了媒体表现的多元化，也给典型报道的多媒体呈现提供了机遇。

2012 年《纽约时报》推出了多媒体融合报道《雪崩》。记者选择了 16 名遭遇过雪崩的滑雪者的经历，分为 6 个主题，用文字、图片、音频、视频、动漫、数字化建模、卫星地图等多媒体交互呈现。

2016 年腾讯新闻推出了《远洋梦魇：中国船员被海盗劫持的 167 天》，为手机端打造了一个集文字、图片、图表、漫画、音频、视频为一体，组成一个中国船员在索马里被劫持的可视化融合报道，既方便手机一族随时随地观看，呈现形式又丰富多彩。

日后的典型报道不但在表现对象上可以多样化，从传统的英雄，到平民英雄，再到平凡人物；而且在呈现方式上，可以文字、图片的呈现，到影视图像呈现，再到文字、图片、音频、视频联手的综合性呈现，表现对象的多元化和呈现方式的多元化，促进了典型报道政治动员功能的多元化，由提高崇高敬仰到提供学习的模仿，再到提供对社会对人生的智慧和思考。让典型报道随时代变迁而变迁，随时代进步而成长。

第三节　发挥建设性新闻在政治传播中的作用

建设性新闻虽是西方传进的新闻传播学概念，但它的内涵近似于我国的正面报道，又不同于正面报道，其涵盖意义更宽泛。建设性新闻在我国的政治传播中发挥积极的作用，它在我国政治传播中更多功效的发挥，值得期待。

一、建设性新闻的提出和实践

建设性新闻是由丹麦著名媒体人兼学者的海格拉普，于2008年在一篇新闻评论中最早提出的。随后，另一位丹麦媒体人凯瑟琳·戈尔登斯泰德积极响应。她提出，“新闻应当从积极心理学中吸取灵感，从而减少新闻报道中的愤怒和偏见。”①

有学者认为，“建设性新闻最主要的特点在于它具有面向未来的视野，以及开掘可能的解决路径。”它“通过吸纳解困新闻、公民新闻等相关理念，推动新闻作为一种建设性的力量参与到社会发展的进程中。”②

建设性新闻的学理基础是积极心理学。积极心理学关注人类的幸福感、正能量、美德、爱和未来理想等生理和心理层面的体验。同时，积极心理学也支持正面信息与人们正向心理反馈密切相关的理念。

建设性新闻在西方报刊上有很多实践。丹麦广播电台鼓励记者采集建设性新闻。丹麦电视二台还开设了一档“我们能做到”的电视栏目以刊播建设性新闻。美国的《纽约时报》的新闻网站开辟了《修复栏目》，报道成功探索解决社会问题的新闻。CNN也开设了“大事记”，以播发各国的凡人创举。BBC的国际频道开设有“世界服务”栏目，播发能为世界服务的建设性新闻。

建设性新闻在我国也有诸多实践，在汶川大地震的报道中，

① 史安斌，王沛楠. 建设性新闻：历史渊源. 理念演进与全球实践［J］. 新闻记者，2019（9）.

② 史安斌，王沛楠. 建设性新闻：历史渊源. 理念演进与全球实践［J］. 新闻记者，2019（9）.

精准扶贫报道和新近2020年抗击新冠肺炎的战役报道中有诸多的建设性新闻。而且，在我国CCTV的国际报道的涉非洲报道中，开设了“非洲面貌”栏目，多有建设性新闻报道，呈现了非洲人民积极参与“一带一路”建设的建设性新闻。

二、正面报道与建设性新闻

我国正面报道既是一种新闻报道的理念，又是一个报道的品种。作为一种理念、方针，强调新闻报道应以正面的正能量的新闻题材报道为主，负面的、消极的新闻题材不是不可以报，而是要控制在一定数量。业界的朋友们都知道“以正面报道为主，团结、稳定、鼓劲的报道方针”。

我国的正面报道与建设性新闻有相同之处，也有不同之处。相同之处就是都倡导报道正面的，美好的，有积极意义的事物，不主张负面的丑恶的消极的事物报道充斥媒体。希望报道能让人振奋精神，对人生和社会、国家充满希望和信心，营造积极而健康的舆论氛围。

两者的不同之处主要表现：其一，正面报道一般报道的事物是过去时，已经有了满意的结局的事物；而建设性新闻报道的事物一般是还在进行中的事物，当然预期结果是充满希望的，面向未来的。其二，正面报道的记者一般是冷静旁观的记录者，而建设性新闻的记者应当是某事物热心的参与者和行动者。其三，正面报道广泛关注所有正面事物，而建设性新闻更多地关注社会问题，如自然灾害、公共卫生事件、社会突发事件、社会问题等。聚焦于解决问题的方案，提供问题解决的思路。其四，我国的正面报道历来有优良的传统；而建设性新闻源自西方，它可以说是对西方揭黑、扒粪等负面报道的反映，一种逆行。

三、我国的建设性新闻的实践

我国建设性新闻实践早已有之。二十世纪以来最为突出的汶川大地震自然灾害的报道，堪称建设性新闻的典范。记者们面对灾害造成的巨大伤亡，没有悲天悯人，侵扰悲痛，而是关注于消防队员、解放军战士争分夺秒救治被埋者，以及被救出的遇难者的乐观与感激之情，特别是志愿者的舍己为人，他们创造性的救援行动。还有记者们为救援提供的思路和良策，以及灾民自救的决心和毅力。这无疑为我国也为世界日后遇到大的自然灾害的救助，提供了范例。

在大的公共卫生事件的报道中，如在非典流行和2020年的新冠肺炎爆发的防治战役中，建设性新闻发挥了特别积极的作用。特别是这次来势汹汹的新冠肺炎防治中，从党中央习近平总书记的1月20日亲自部署，1月23日武汉封城，到全国闻风而动，各路医务人员队伍向着湖北武汉进发，各地医疗物质和生活物资源源不断向武汉输送，部队医务工作者作为武汉战疫前线的主力军。火神山、雷神山医院拔地而起，创造了世界奇迹。医务工作者夜以继日，冒着被传染的危险，抛妻（夫）别子，奋战在病房，与死神赛跑。各路专家献计献策，普及防疫知识，扎牢防疫篱笆。电视台不厌其烦重复播送疫情和防治方法。名企、明星捐款捐物，连快递小哥、环卫工人也将多年的积蓄捐献出来。社区工作人员全部行动起来，利用大数据寻找密切接触者。全国各地统一行动，追踪带菌者。李克强总理全面调度人财物，孙春兰副总理坐镇武汉指挥并巡视疫区，钟南山院士、李兰娟院士确定病毒会人传人，李文亮医生吹响预警第一声口哨，武汉人民2月2日打开窗户同唱国歌相互鼓励，各村镇利用大喇叭和敲锣巡逻提醒村民。

2月10日晚“新闻联播”播发了习近平主席视察朝阳区医院和社区，看望慰问新冠肺炎治疗的医务人员和病人，与湖北武汉的医务人员连线，并与湖北及各省负责人召开电话会议，强调一定要对病人尽收尽治，人民的生命安全第一，一定要打赢这场攻坚战，坚定信心同舟共济，科学防治，精准施策，坚决打赢疫情防控的人民战争，总体战，阻击战。

同晚，央视“东方时空”记者，采访武汉大学中南医院医师赵智刚，他首先是防治一线的医师，后来不幸感染成了一名病人，现在已治愈。他谈了两点切身体会，一是得病后不要恐慌，这种病是完全可以治好的，只是时间问题，自己要有信心，要乐观面对。二是病人虽然被隔离了，但只是物理空间的隔离，在心理空间上要亲密没有距离，亲人可通过电话视频关心问候。

同时，该日的新闻联播还报道了浙江省利用大数据防治疫情的经验和通知复工人员复工的做法。

李文亮医生去世，人民日报发表公告、哀悼，武汉市人社部门认定其为工伤，一次性工亡补助金78.502万元，丧葬3.6834万元，保险公司24家共理赔1160万元。疫情发生，各家保险公司为战役一线的医务人员每人投保20万—30万元不等，国家对一线医务人员每天补助200—300元。

建设性新闻在这场严重的公共卫生事件中起到了政治动员作用，而且是全国动员、全民动员。

在精准扶贫中建设性新闻的作用也表现不凡。

2013年11月3日，习近平总书记到湖南省湘西州花垣县十八洞村考察时，提出了“精准扶贫”的重要战略思想，精准扶贫工作展开，相关报道也随之增加。梳理这些报道，发现建设性报道是其主流。我国取得了扶贫史上最好的成绩，除中央和各级领导的正确政策和有力措施外，也得益于媒体建设性新闻的精神与策略的支撑。

关于坚定信心、矢志不移的建设性新闻，如《湖南日报》刊发的《你不脱贫我不甘》的报道，报道了溆浦县帮扶干部与扶贫对象心同意坚的故事。又如《湖南日报》发表的《苗寨唱起新山歌》，报道了记者在湖南省“脱贫攻坚示范村”宋家寨呈现了苗寨脱贫后的新面貌，对正在脱贫路上的农村干部和农民都是一种激励。

关于脱贫策略和方法的报道，如《经济日报》报道的《农村金融改革，“田东模式”贵在精准》，对脱贫攻坚存在资金困难的贫困村，无疑提供了一个良策。

关于脱贫攻坚中具体问题的解决办法。如《打酱油的钱不能买醋》，报道提出了面对“政出多门”，资金撒胡椒面的现象，最好的解决办法是由一个可靠的部门对县（市）相应的涉农资金进行统筹，实现扶贫资金效益的最大化。

习近平总书记也是积极倡导建设性新闻的。他说：“一个国家，一个民族，要同心同德迈向前进，必须有共同的理想信念作支撑。”① 他在强调舆论引导的同时，还强调要重视发挥舆论监督的作用。“舆论监督的出发点应该是积极的、建设性的。”②

① 中共中央文献研究室．习近平关于全面建成小康社会论述摘编［M］．北京：中央文献出版社，2016：122.

② 习近平．摆脱贫困［M］．福州：福建人民出版社，1992：87.

第四节　聚焦政令落实：调查性报道新使命

调查性报道，被称为“新闻报道皇冠上的明珠”。以往的调查性报道，重点追求的社会现象、社会问题的真相揭示，而对社会热点问题、焦点问题的解决往往下力气不够，有的还触碰到一些红线，为读者带来一些疑惑，产生一些负面效应。调查性报道成为新闻报道中一块难啃的骨头，调查记者有的面临压力，去职改行。

近几年来，新华社记者迎难而上，在调查性报道上大有突破，赋予调查性报道的新使命，关注国家政令的落实，揭露政令未落实的真相，促进问题解决，政令落实到位。获得中央肯定、群众满意、监督对象服气的良好效果。为调查性报道走出了一条新路，也为新时代的政治传播走出了一条新路。

一、新华社调查性报道的突起

多年来，新华社致力于国家政令落实的调查性报道。2020 年《中国记者》第 8 期刊载的调查性报道实操访谈录，采访了《昼伏夜出、派人盯梢、地下交易……长江禁渔数年，“猫鼠游戏”仍上演》《三万亩“私家湖泊”为何如此任性?》《以痕迹论政绩，“痕迹主义”有点过了：不能让痕迹管理成形式主义新变种》《来督导督查的人比落实的还多》《福州沿海：密林深处、水库旁边，大片豪华活人墓悄悄建造……》五篇调查性报道的记者，就如何深入调查研究揭露真相，如何冒着危险深入现场采访，如何做到报道中央肯定、群众满意、监督对象服气等问题进行采访。

涉及的五篇调查报道大体分为两类：一类是影响大的个案调查，如长江禁渔，洞庭私家湖，福建豪华墓；一类是社会现象类，如“痕迹主义”和督导的人多于落实的人。

近年来，新华社的调查性报道力度加大，某种程度上形成了新华社调查性报道现象。这些报道或在传统媒体《半月谈》上发表，或在“新华社视点”栏目中作为通稿发布，又或在新华社和人民日报微信公众号等新媒体上发布。

二、新华社调查性报道的轰动效应与持续效应。

长江禁渔的报道发表于2020年第11期《半月谈》，报道面世后，立即惊动了相关政府部门，长江经济带发展领导小组办公室、公安部、农业农村部、重庆市及沿江省份政府部门纷纷召开会议，并启动非法捕鱼专项整治行动。相关部门还主动与记者联系，了解非法捕鱼手段及禁渔难点、重点。重庆市政府对记者反映的暗捕渔具的线索，对境内渔具销售产业链严加追溯，严格惩治。

国务院也对报道及时回应，办公厅根据报道建议，出台《关于切实做好长江流域禁捕有关工作的通知》，再次提出要求，其中强调部门协作，斩断非法捕鱼全产业链等。

公安部门及渔政部门对新华社记者的敬业精神和使命担当精神给予高度肯定，表示要加大力度打击非法捕鱼。

6月10日《半月谈》刚一发表，长江禁渔的新媒体稿件很快在半月谈微信公众号和新华社客户终端上线，阅读量很快突破了“10万+”，成为舆论热点。群众为该篇报道叫好，拍手称快。新华社客户端浏览量达到206万。

《3万亩“私家湖泊”为何如此任性?》发表于2018年6月

11 日新华社“新华社视点”栏目。这篇调查性报道的影响力可与“祁连山污染”报道齐名。报道披露了洞庭湖“湖霸”黑社会性质头目夏顺安私筑矮围圈湖 3 万亩养鱼、种杨树、挖砂、破坏洞庭湖生态以谋私利，地方政府多年整治动他不得，当地渔民、樵农利益受损严重，民愤极大。报道发表后，17 年难拆的矮围被拆，夏顺安也被绳之以法。当地民众写打油诗称道：“神雁飞洞庭，解救渔樵人”。

《以痕迹论政绩，“痕迹主义”有点过了，不能让痕迹管理成形式主义新变种》发表于 2018 年第 14 期《半月谈》。这是一种现象类调查性报道。这是一篇关注基层治理中的形式主义问题的报道。报道披露了大量经调查落实的形式主义的个例，如教育局的各种上报的表格，基层扶贫干部参加的“资料比武大会”，贫困户的烦琐档案等。这种现象类调查性报道，相比个案调查性报道，考验着记者的发现力和洞察力，需要透过现象看本质的穿透力。而个案调查报道更多的需要记者持之以恒地不畏风险深入现场调研，乃至非常规手段的暗访。“痕迹主义”这篇稿子，推动了 2019 年中央提出的“基层减负年”，说出了基层干部想说又不敢说的话。

“痕迹主义”2018 年 7 月播发后，8 月又播发了《来督导督查的人比抓落实的还多》，中央引起高度重视，引发《关于统筹规范督查检查考核工作的通知》，强调要治理“名目繁多、频率过高、多头重复、重留痕轻实绩”的问题。

三、新华社调查性报道的启示

新华社调查性报道开辟了一片新天地，也为我国新时代政治传播开创了一条新路径。“这个社会要有喜鹊，也必须有啄木鸟。

啄木鸟敲打一棵树，不是为了把树击倒，而是为了让它长得更直。”如果说正面宣传政令的典型报道为政治传播的一个方面军的话，那么，检查政令是否落实的调查性报道则是政治传播的又一重要方面军。新华社的调查性报道为中国新时代调查性报道树起了一面旗帜，积累了丰富的经验。

一、新的使命：关注中央政令的落实

新华社《半月谈》有一个为人称道的扁担精神：“一头挑着中央精神，一头连着基层群众。”这一精神已经成为全体采编人员的共识。

政治传播中天天都有中央关乎国家命运和民众民生的政令发布，同时又有各地认真贯彻落实的好消息不断传来。但是社会是复杂的，百姓担心，全国有时难免步调不能一致，贯彻中也有荒腔走板的杂音，甚至少数地方歪曲中央政令，离经叛道的现象，这些地方的群众，希望媒体能出来说话，促进政令能在基层落实，让违反者改弦更张，对严重者绳之以党纪国法。

新华社的调查性报道，不负国人众望，肩负起中央政令的检查落实，这一政令落实的新使命，让一度沉寂的调查报道重新焕发生机，也赋予新时代政治传播新的机能。这些政令关系到方方面面：有的涉及环境保护，有的涉及党风政风，有的涉及经济建设，有的涉及扫黑除恶，有的涉及教育改革，有的涉及扶贫产业等，他们为社会公正呐喊，与社会阴暗战斗，他们推动社会进步，守望公平正义。

二、新的追求：期望报道的影响力

以前的调查性报道，追求的是震撼力，震撼人心，震撼社会为满足。新华社的调查性报道，追求的是尽可能大的社会影响力，能引起高层的关注，得到中央的首肯，进而出台相关政策，改变现状；能让群众满意，正义得到伸张，民愤得以平息，百姓对党对政府更加信任；报道也要让被监督对象服气，事实准确无误，让被监督者心服口服，必要时与被监督者面对面，订正事实。

总之，新华社调查性报道，追求的是有破有立，批判中彰显建设性意见，不是为披露而披露，而是披露为的是社会的进步，政府的政令畅通，促进社会的发展。

三、全媒表达

全媒体时代，运用新媒体传播，不是传统媒体附带的自选动作，而是必需的规定动作。作为国家级媒体的新华社，在精心做好传统产品的同时，也下功夫做好新媒体产品。

首先，是生产调查性报道时，故事化是必不可少的。无论是明访还是暗访的过程，都进行情节化处理，设置悬念，注重细节，跌宕起伏，一波三折，引人入胜，扣人心弦。传统媒体的新闻稿要求这么做，新媒体更需要如此呈现。同时标题的制作也十分讲究，《昼伏夜出、派人盯梢、地下交易………长江禁渔数年，“猫鼠游戏”仍上演》等标题，话语直白，形象生动，预伏悬念，吸人眼球。《3 万亩“私家湖泊”为何如此任性?》什么是“私家湖泊”？任性何为？受众必定带着疑惑要看个究竟。这样的标题无论是对新旧媒体受众都是有磁性的。

其次，专为新媒体订制。多元化的表现形式，如图片、视频、音频、动画等一切适合新媒体粉丝口味的形式都要上，这样才能扩大影响，在微信公众号，在客户端发布，迅速形成舆论热点，取得在新旧媒体双倍的传播效果。

第五节　电视政论片：从高层走向受众

电视政论专题片，是电视片种中一个十分重要的片种，在电视的政治传播中起到举足轻重的作用。

电视政论专题片，是对社会普遍关心的政治话题、包括党和政府的大政方针的电视表达和呈现，以传播政治观念。它是以客观事实为依据，以政论文体严密的逻辑思辨为特色，以电视的多种表现手段为形式的视听作品。

以往的电视政论专题片，因为正在成长期，在视听效果上存在不足，主要体现在形象高大上，与观众不够亲近。进入新时代，电视政论专题片有了很大提升，其收视效果从高层走向民间，做到领导满意，普通民众也喜欢。特别是向党的十九大献礼的7部电视专题片《将改革进行到底》《法治中国》《大国外交》《巡视利剑》《辉煌中国》《强军》《不忘初心 继续前进》，是电视政论片创新的佼佼者。

一、七部政论片关注的政治议题

《将改革进行到底》，聚焦和解读全面深化改革，解答了全面深化改革“为什么改”“往哪儿改”“为谁改”“怎么改”“如何改革到位”等媒介和群众关切的问题。全片共十集，分九个主题：“总论”“经济”“政治”“文化”“司法”“国防军队”“党建”“民生”。

全片展现了以习近平为首的党中央着眼国家民族长远发展的

远大目标，以过人的胆识，超人的智慧，坚定信心，带领全国各族人民深化改革。充分呈现了深化改革的波澜壮阔的宏伟画卷，以及对完善中国特色社会主义制度，实现现代化的巨大推动作用。同时，也表现了广大民众有所呼，改革有所应的改革的针对性，和群众实实在在的获得感。

《法治中国》，聚焦于我国“全面依法治国”。展示了党的十八大以来法治中国所取得的巨大成就。全片围绕依法治国、依法治政、依法行政等方面展开，呈现了我国科学立法、严格执法、公正司法、全民守法所取得的巨大成就。

全片共六集：《奉法者强》《大智立法》《依法行政》《公正司法（上)》《公正司法（下)》《全民守法》。

该片阐述了“无不平之法、无法外之人、无法上之权。法律面前人人平等”的真理，一个国家要长治久安，依法治国是不可违背的铁律。

《大国外交》聚焦于党的十八大以来中国外交的新思想、新战略、新实践、新成就。

《大国外交》共六集，既展示了我国领导人在维护国家利益刚正不阿、毫不妥协的一面，又表现了我国领导人与友好国家交往中的柔情、可亲的一面，展示了我国外交政策的原则性和灵活性。

《巡视利剑》，聚焦我国特有的反腐的巡视制度，展示了在巡视调查过程中巡视组与问题官员的博弈，突出了巡视组成员如何发现问题，如何顺藤摸瓜揭露问题的，表现了巡视工作的重要性，必要性及重大意义，也表现了巡视组工作人员的政治坚定和高度智慧。

《辉煌中国》，聚焦于中国的发展战略和壮丽的发展图景，全片一共六集。该片深刻诠释了“创新、协调、绿色、开放、共享”的全新发展战略思想，展现了中国人民勤劳、智慧、拼搏、砥砺前行的革命精神，呈现了中国日新月异的变化和令人瞩目的辉煌成就。

《强军》，聚焦于国防建设和军队建设，展示了五年来习近平领导的强军史和军队改革的重大变化。全片共八集：《逐梦》《铸魂》《制胜》《重塑》《浴火》《跨越》《铁律》《伟力》。

该片阐释了习近平主席为实现中国梦而强军，强军首要的是政治建军，军队要熔铸打胜仗的军魂，对军队要进行改革重塑，从严治军纯正军队政治生态，科技兴军促进军队现代化建设，依法治军，从严治军，军民融合国防与经济实力同步提升。

《不忘初心 继续前进》，聚焦于党的十八大以来，以习近平为首的党中央治国理政新思想、新战略，以及它带来的社会全面发展的巨大成就和成功经验。

全片共七集：《举旗定向》《人民至上》《攻坚克难》《凝心铸魂》《强军路上》《合作共赢》《永立潮头》。

每集分别阐述了以下观点：围绕“中国梦”和“中国道路”，习近平为首的党中央举旗定向；不忘初心就是时刻牢记“人民至上”；聚焦制度问题和社会为“攻坚克难”；凝聚的不仅是经济的力量，还有文化的力量；“听党指挥、能打胜仗、作风优良”是强军的目标；“人类命运共同体”是合作共赢之路；中国共产党要自我革新，永立潮头。

二、七部电视政论片获得观众的赞誉

这七部电视政论专题片的收视效果，大大超过了以往的政论片。不仅传播收视效果好，而且引起社会强烈反响。

（一）电视收视令人鼓舞

《将改革进行到底》电视首播重播共吸引5.17亿观众观看，央视综合频道首播均值收视率达0.75%

《法治中国》在全国约有3.83亿电视观众收看。

《大国外交》，央视综合频道首播前两集收视率分别为0.76%和1.1%，均高于近期同时段收视率。

《巡视利剑》，央视综合频道首播平均收视率0.99%。

《辉煌中国》，央视各电视频道累论收看量达0.43亿人次，第一、二集晚间收视率分别为0.68%和0.74%。

《强军》，央视综合频道首播收视率1.8以上，同时段收视率第一，有近4亿观众收看。

《不忘初心 继续前进》，央视综合频道首播收视率0.91%，有4.37亿观众收看。①

（二）4部电视政论片网络表现

据央视发展研究中心对七部电视政论片网络数据监测显示，“两微一端”等网络平台进行了积极传播，“大屏”与“小屏”相互呼应。网络关注度总量达4万余条，2500余家网络媒体参与报道，微博提及量近17万条，讨论量接近百万次，阅读量超18亿次。全网视屏点击量超6亿次，9000多家微信公众号宣推七部政论片，发表文章17万篇，其中140余篇文章阅读量超10万次，七部政论片的美誉度均超过60%，最高达83.2%。

① 参见王莹，马战英．迎十九大七部重点政论片融媒体传播效果综述［J］．电视研究，2017（11）．

《将改革进行到底》，通过脸谱网等海外社交平台发布相关帖文总浏览量 93 万次，独立浏览用户 62.7 万，受到海外观众的欢迎。

《大国外交》精剪段视频《没时间吃饭吃饼干 出访时习近平忙到日程以分钟计》，仅新浪微博平台阅读量近 1 千万次。《不忘初心 继续前进》，视频完整覆盖全国 26 个省区市 IP 用户，覆盖互联网电视全部平台终端。主题歌《不忘初心》的 MV 画面精美、振奋人心，上线不到 24 小时微博秒拍平台播放阅读量超 800 万次，“央视新闻”新媒体各平台播放总阅读量突破 1000 万次。[①]

（三）七部电视政论片的综合评价

无论是国内的传统媒体，还是网络媒体，对七部电视政论片都有很高的评价。这是多年来难得一见的举国聚焦电视政论片的热烈景象。改变了人们对电视政论片的刻板印象，认为这些片子好看，又能给人深刻的教益。

媒体人和观众普遍认为，通过观看这些电视政论片，学习了习近平治国理政的新思想，成为全国各族人民共同参与的政治公共课，加强了中国人民走社会主义道路的决心，进一步坚定了实现中华民族伟大复兴的“中国梦”的自信心。

三、七部电视政论片提供的提升政论片的路径

这七部电视政论片获得如此大的成功，关键在好看。只有好看，才有观众，有了观众才谈得上有社会效果。过去的政论片，

① 参见王莹，马战英. 迎十九大七部重点政论片融媒体传播效果综述［J］. 电视研究，2017（11）.

在做到好看方面有所欠缺，虽高大上，却显得冷清，观众有些疏远。所以，这七部政论片，为日后提升电视政论片的传播效果，提供了诸多有益的启示。

（一）以习近平治国理政新理念为灵魂

电视政论片总要传播一定的思想理念，这七部政论片亦是如此。习近平治国理政的新理念，是当代中国的最先进的思想，它是马克思主义与中国实践最完美的结合，用它来统领中国的深化改革、依法治国、外交、巡视、成就、强军、初心，使政论片如同获得灵魂，政治站位高，又使老百姓耳熟能详，等于是让观众上了一堂生动的习近平治国理政新思想课。比较以往的政论片思想内涵的过于理性，习近平新思想感性又亲切，易为人所接受。

（二）让事实说话

事实胜于雄辩。政论片固然要有思想的逻辑性，但更重要的是让事实说话。

在《将改革进行到底》中，精心选择了大量典型的改革的案例，如在论述供给侧结构改革时，选择了佛山的案例。佛山一直处在改革的前沿，深化改革中面临结构转变的压力，通过供给侧改革释放出新的能量。在《法治中国》中，选择了云南腾冲的例子，表现了政府列出权力清单，“把权力关进制度的笼子里”。《巡视利剑》中以 20 名因巡视而受到查处的官员的事实为主体，讲述巡视的威力。

（三）故事化的叙事

当今世界，故事化的叙事通行，电视政论片叙事也当仁不让，这也是七部电视政论片能吸引人的动人之处。故事化强调情节、细节，七部政论片在这些方面颇下了一番工夫。

《辉煌中国》中，讲述了65个生动的故事。如港珠澳大桥建设中最后一根沉管合龙安装的故事，扣人心弦。

《强军》中，讲述了红、蓝两军在对抗演习中，蓝军胜，红军败的故事，引发对实战演练的重要性的深思。

《法治中国》中，通过一个从事法庭工作三十年的女法官王亚琴重新考试重新上岗的故事，说明“员额制改革”加强了司法队伍的建设。

（四）创新电视政论片的语态

电视政论片的语态主要涉及语言和画面。过去的政论片人们的刻板印象是，语言抽象、高昂宏大叙事，画面语言也空灵，充满着空镜头和主观镜头，给人以“假大空”的现象。

而七部电视政论片，改变了以往的语态。语言平实、语调平和、感性。画面则少用空镜头，用的都是有人活动的现实镜头，更写实，给人以朴实的风格，使人感到亲切真实。过去拍天安门，往往是空旷清静的天安门，此次在《巡视利剑》中出现的天安门，却是人来人往，熙熙攘攘的天安门，使人感到真切。所有的语言也没有了过去的居高临下的感觉，像是与人对话娓娓道来之感。

（五）内容众筹，发动民众参与

众筹原意是完成某一项工程，当资金不够时，可筹集参与志愿者的资金，待获得效益后分享。《辉煌中国》的编导将这一概念运用到政论片的拍摄创作上，吸引百姓参与创作拍摄，以丰富电视片的内容，从征集令发出后，就收到全国各地上传的视频素材一万多条。其中有“以色列小哥高佑思的一家”“青岛跨海大桥航拍视频”“最美高速公路图片”等。这无疑丰富了电视政论片的内容，也提升了政论片的社会关注度。摄制组将众筹来的上万条视频材料，除了政论片用了一部分外，大部分又编成专题在网上推出电视展播，效果相当不错。

（六）多方协作

合作拍片，一般是强强联手，优势互补，更能拍出优秀的片子来。《大国外交》就是由新华社和央视联合拍片的。新华社由于介入外交事务多，熟悉相关的外交政策，积累了丰富的外交资料。两个团队合作，各有侧重，新华社负责把握政策、文学叙事，央视负责视觉呈现、艺术提炼。双方配合默契，相得益彰。

第六节　电视问政：民众有序政治参与

从2010年起，电视问政节目在全国风起云涌。由问政市、县直系机关，发展到问政省直机关。电视问政以其得天独厚的优势，其双向性长于报纸问政的单向性，其组织有序性长于网络问政的非组织的无序性。节目在天时地利人和的环境中成长和提升。

电视问政节目，在党和政府的组织领导下，由各级电视台搭建平台并具体实施。这是一档电视媒体对各级直系机关落实和执行党委和政府方针政策情况的民主监督节目；也是党和政府通过电视媒体对一些突出的社会民生问题问计于民的节目；也是民众有序参与政治的生动形式；也是党和政府的执政施政获得社会反馈的有效途径，同时，也是缓和社会矛盾，疏解社会情绪的良好方法。

以“问政山东”为例。① 2019年春节刚过，山东省委书记刘家义在山东省政府召开的工作动员会上讲话中提到，要创新公开监督机制，推行“电视问政”“网络问政”，把评判权交给服务对象和群众。省台主动承担了这个任务，并迅即成立节目组。经节目组反复探讨，决定问政对象为厅局级负责人，“选题的方向是领导关注、群众关心，具有典型意义，并且能够解决”。

节目组列出了一份问政名单后，交省委、省政府办公厅联合成立的省创新公开监督机制协调办公室，再由该办公室协调联络相关部门的负责人参加节目录制。

节目必须用事实说话。节目组每期节目都要做好调查，准备四到六个案例。

节目设置两位主持人，一位男主持串联节目，相对理性平稳。一位女主持身份是督办员，始终抓住问题，情绪可适当感性一些。

节目组确定每期问政代表团队约200人，其中有省人大代表、政协委员、媒体代表及案例涉及的群众代表，还有一百多位现场观众。问政代表团成员可以向被问政官员发问，也可以手举满意或不满意牌对被问政官员的回答打分。现场还有两名观察员，由大学教授或政府参事担任，对案例和被问政官员给予评论。

第一期节目于3月3日播出，这期节目为慎重起见，定为录

① 参见徐天．山东试水电视问政［J］．中国新闻周刊，2019（22）．

播，当晚节目的案例是问政省住建厅官员。案例是建筑生活垃圾偷乱排放、疑似违规建设的别墅群、“套路”消费者的房产中介机构以及农村厕改中出现的问题。问政前将案例一一呈现出来。节目中被问政官员受到了群众对其工作的直接检验和评价。节目播出后在省内和网络上引起了极大的反响。

省委书记刘家义也观看了这期节目，给予充分的肯定，并指示要增加观众代表，每期节目应两名副省级干部参加，要改录播为直播。领导的肯定与支持，节目组得到鼓励，并信心满满地提出，在之后的节目中，逐步让官员对个案进行举一反三，并在一段对问后，及时做一个《回头看》节目，以检查整改情况。节目组还向省里建议，以季度或半年为一个周期，通过网络问政答复率、阻挠记者采访情况、被曝光次数、电视问政效果等指标，运用大数据手段对被问政部门、各级党委政府进行用户画像并制作出满意度图表呈报给省委省政府主要负责领导，并下发给各级各地党委政府，形成工作落实紧迫感和长效考察机制。对懒政惰政的典型案例，予以曝光，以示警诫。

在结束省直部门的第一轮问政后，开始 16 个地市的问政。同时节目组考虑被问政官员的套路化、技术化、三段论（态度诚恳、承认错误、立刻改正）节目自身要不断打破固有模式，从小问题切入，让追问更加出其不意。

从《问政山东》个案的了解分析，我们对电视问政节目可以建立如下认识：

其一，电视问政节目是在党和政府主导下，为寻求政治沟通的良好效果，与电视台合力打造的一个群众参与的平台，党和政府的领导与支持，是这个平台得以健康运行的保证。

其二，事实证明，这种面对面的政治沟通形式，能直截了当地使官民的认识更好地分享，最后形成共识。

其三，这是一种创新的民主监督方式，让民众参与官员贯彻执行党的方针政策执政情况的评价甚至打分，是党的群众路线在民主监督中的运用。

其四，给部分群众对某项工作的不满和意见提供了一个情绪的宣泄管道，防止群体激化事件的发生，改善了官民关系。

其五，群策群力，是官民合力解决一些社会难题、民生问题好方式，能提高执政者的执政水平。

总之，电视问政节目在政治传播中别开生面，取得政治传播不同寻常的效果。

第五章

全民传播时代的政治传播

网络的普及，社交媒体的迅速崛起，手机的广泛应用，改变了传统的政治传播的格局。尤其是社交媒体能实现政治新闻传者与受者之间的双向传播，改变了传统政治传播的方式。面临重构的政治传播生态，传统媒体应当而且已积极应对。

第一节　网络媒体与政治传播

基于 Web2.0 技术的支撑，社交媒体，包括社交网络、微博、微信、网络论坛等，与网络新闻一道，成为人们获取政治新闻，发表政治观点、分享意见与见解的平台。有研究发现，越来越多的人通过社交媒体特别是公共论坛来获取政治信息，特别是青年群体利用社交媒体分享交流观点的频次日益增高。网络媒体对政治传播的介入与影响日益凸显。

一、政治参与：互联网表达意见与诉求

时下，通过微信等互联网平台表达意见和诉求，是一种最普及和最便捷的政治参与形式。网民随时可对某一社会现象，社会政策和社会变革发表意见，表达观点，而且由于由持赞同观点的人转发，形成一种聚集的效应，形成一种强大 的舆论。在中国战胜新冠肺炎的流行战役中，钟南山、张伯礼的重大贡献和献身精神在微信中广为转发，形成良好的口碑和舆论，以至执政者与公民形成最大的公约数，认定他俩为共和国的功勋。对钟南山 85 岁出征战疫，对他最早发布新冠病毒“人传人”的警报，微信等都形成了聚集效应。张伯礼运用中医治疗新冠肺炎，经济效果好，得到全体网民的传颂。

又如对一些社会现象，如明星高价演出，取得外国国籍，国内赚钱，国外消费的现象，网络上进行批评；对媒体热衷于报道明星八卦，而冷落了为国家做出贡献的科技专家学者、大国工匠、平民英雄提出不公平的意见；对一些人过分夸张我国成就，吹嘘我国军事实力，不符合韬光养晦国策的言论，提出批驳，凡此种种，体现了我国网民政治诉求的热情和积极性。这是传统政治传播生态中难得一见的。

二、网络事件化：群体性利益表达激化

群体性利益表达往往涉及房屋拆迁补偿不合理、环境污染问题、乱收费问题、执法不公问题等突发事件涉及群体利益问题。涉事不再走信访，向上口头反映等老路，而是通过网络直接表达利益诉求，并逐渐发展成网络的利益共同体，形成强大舆论。如果政府应对不及时或处置不当，使群情激化，酿成网络事件。

2008 年前，这类事件时有发生。如石首事件，因网络群体利益表达激化，政府处理不及时，派出警察应对不当，酿成群体事件。

随着网民逐渐回归理性，政府及时回复，信息透明，沟通顺利，处置得当，此类事件近年很少发生。2020 年 7 月初，贵州省安顺市突发公交司机将车开入水库，造成人员溺亡的突发事件。网上议论纷纷，各种猜测、谣言四起。当地政府迅速作出反应，查明司机的动机缘由，将事件界定为反社会行为，很快平息了网络风波。

三、网络动员：网络在社会运动中的作用

社会运动，亦称为政治运动，原一般为执政当局发起，自网络发达后，许多社会运动由网络动员兴起。如突尼斯的“茉莉花革命”、美国的“占领华尔街运动”等，都是网民在网上交流汇集相关信息，酝酿发酵，然后组织动员，形成运动。

“茉莉花运动”先是在网上公布突尼斯政府和总统家庭成员贪污腐败的信息，上传了水果贩穆罕默德·布瓦吉古自焚事件的视频，并由传统媒体半岛电视台介入传播，最后动员聚集大量网民形成政治运动。

美国的“占领华尔街运动”中，将涉事照片与视频发至网上，现场的示威者又通过网络与更多的网友进行直播式的互动交流，以造声势，形成社会运动。

由此我们可以认识到：国家可以利用传统媒体传递政治信息，塑造共同的政治文化，并通过主流意识的传播以引导符合国家意愿的舆论，以保持正常的国家秩序和社会的稳定。而另一方面，我们也要注意到，新媒体使民众的政治参与扩大化，改变了

过去政治信息发布的自上而下的垂直结构，从而容易让一些非理性的信息放大，造成社会的动荡分裂，这是新、旧媒体都应引起警觉的。

第二节　网络政治表达的效应

综观我国网络政治表达的历来状态，政治表达的效应大体呈现出三种情况：正面、变性和负面效应。同时要时刻关注舆情的变化。

一、正面效应：延续和丰富党和政府政治意志和决策

新媒体大多数政治表达，都是跟随党和政府一个时期的方针政策的，是一种鲜明的支持态度，或进行阐释或解读。

学者孟建等曾对新浪微博 16 万余关于“中国梦”的微博进行数据分析，发现“中国梦”在以微博为代表的社会化媒体上进行了广泛的传播，并为不同的叙述主题所阐释；中国梦不仅仅是一个单纯的描述民族身份认同的符号，而是变成了一个不同群体竟相互争夺话语权力，进行自我想象、表达利益诉求的平台。[①]

自 2012 年 11 月 29 日习近平总书记提出“实现中华民族伟大复兴，就是中华民族近代以来最伟大梦想”，“中国梦”一词的叙述话语便在新媒体上十分活跃，新浪微博从 2013 年 1 月 1 日到同年 6 月 30 日，共发原创博文 224515 条。“中国梦”的相关话语

① 参见孟建，孙祥飞．“中国梦”的话语阐释与民间想象［J］．新闻与传播研究，2014（11）．

从官方的主流媒体延伸到新媒体。其表述有四个方面：第一，沿用官方表述，结合社会案例批评有违“中国梦”精神的社会现象；第二，扩展“中国梦”的内涵。有博文称“中国梦”为“宪政梦”，称只有实现宪政，才能把权力关进笼子里，才能形成服务型政府，才能有真正的公平正义。第三，对“中国梦”的内涵进行解读论证，每一个中国人都应有一个梦想，十四亿梦想合起来就是伟大的“中国梦”。第四，中国梦将个人的命运与国家的命运联结在一起。中国梦不仅在于国家强大的感召力，而且更在于个体的幸福与尊严。①

二、变性效应：网络上自我吹嘘和夸大宣传

我们这里所说的变性效应，说的是网络上的一些政治话语，表面看似是有正面效应的，比如它是爱国的、鼓舞人心的。但它往往又是自我吹嘘的，夸大其词的，夹杂着一些不健康情绪的。因而它的效应往往会由正面变性为负面的。

在有关中国“崛起”或“复兴”的网上话语表达中，常常流露出取代美国，做世界领袖的情绪，比如曾经一度流行的“厉害了我的国”等话语。在“地球村”的时代，在“中国竞争”的国际语境中，这种民族主义和民粹主义的话语常能产生一些负面效果。

我们知道，20 世纪 80 年代以来，美国的衰落成了美国学界讨论的一个热点问题，“衰落焦虑”成了美国人心里的痛。所以，他们把中国视为美国霸权地位最大的挑战者或者是敌人。为此，

① 参见孟建，孙祥飞. “中国梦”的话语阐释与民间想象［J］. 新闻与传播研究，2014（11）.

美国的精英与媒体热衷于报道中国的负面形象，同时，还热衷于将中国的正面信息进行对抗性解读。“厉害了我的国”等话语，更是成了他们冲突性解读的话题。这样，加强了美国国民对中国人的负面印象。

“厉害了我的国”等类似的网络话语，冲淡了我国关于“和平崛起”“永不称霸”官方话语的善意表达，而且造成西方视中国的善意为虚假宣传的说法。这是不利于我国对外传播和国家正面形象的建构的。

我们要建立与世界交流对话的世界史观，“各美其美、美人之美、美美与共、天下大同”[①]的价值观是我们的选择。

中国古代的先贤孔子，曾提出“正名”的概念。把它应用于中国涉及对外传播的网络话语，防止一些不当话语所造成的不良政治效应，是比较恰当的。

对于网络上的狭隘民族主义与民粹主义话语，我们应当警惕而不为所蛊惑。

三、负面效应：线上动员，线下动乱

网络上一些网民争取民主权利的诉求，常被国内外政治利益集团或人物所利用，通过网络动员、引导、组织，将民间自发的政治诉求，演变成与现政权的政治博弈。酿成极富负面效应的政治事件或政治动乱。“香港占中”政治动乱便是典型一例。

“香港占中”事件，通过官方网站、即时通信软件、社交媒体、网络论坛等，传播集会、游行、行动的信息，发动涉世不深的青年学生跟从，酿成打砸抢杀烧的所谓街头“革命”。

---

① 费孝通. 从反思到文化自觉和交流［J］. 读书，1998（11）.

在“香港占中”事件中，可明显看到幕后支持甚至策划者的身影。FireChat 的联合创办人米歇·比诺里尔不仅提供了无需网络亦可通信的 FireChat 作为参与者的通信工具，而且现身现场，手戴黄丝巾为参与者打气。美国驻香港总领事馆官员丹·盖瑞特在“占中”期间讲话：“华盛顿要求继续在香港推动民间、社会力量力争民主诉求运动，尤其是推动青少年在社运中扮演先锋角色。”其政治图谋十分昭彰。“香港占中”事件被英美有意促成为一场所谓的“民主革命”。这场事件被西方传媒称之为“雨伞革命”。

在“香港占中”事件中，组织者利用“正义”来包装和粉饰参与者价值观，把冲击警戒线为“进击”而非“暴力”，对警方维持正常秩序称之为“镇压”。这一系列的颠倒黑白的话语中，参与者越来越不理性，情绪的激化导致行动的激化，违法乱纪行动便成为常态。

时下，由于社交媒体对本国和他国具有强大的渗透力和传播力，已成为一种创新的外交手段。曾任美国国务卿的希拉里，明目张胆地宣扬“网络外交”，公开赞扬突尼斯、埃及、伊朗反对派运用互联网组织反政府的政治运动。这是我们必须警觉的，在网络全球传播中，要注意国家的网络安全，维护国家主权，防范网络攻击、网络干预等，不能让西方敌对势力对我国实行“颜色革命”的图谋得逞。

四、舆论研判：实现网络安全社会良治

网络政治表达既然存在着正面、变性和负面的效应，那么及早发现网络舆情，正确研判，有效应对，就十分重要。

“网络舆情是指民众通过互联网对政府管理以及社会现象、

问题所表达的政治态度、意见、诉求和情绪的总和。”①

舆情不等于民意。舆情包含有一部分民意舆情与民意有重合的部分。当然舆情与民意的重合度很高。“舆情既可以是得到公开表达的民意，又可是未得到公开表达的民意。”②

有研究者认为，“网络民意不等于民意”。他们指出：首先，网络民意的代表性不足。不仅网民不能代表现实公民，而且活跃网民不能代表全体网民。其次，“网络民意的真实性存疑。大量被污染”的网络民意充斥网络，有操纵舆论走向、公选投票中专业刷票现象，还有被收买的“水军”等。第三，网络民意的“群体激化”现象，掩盖了网络民意的真相。③

虽然网络民意不能等同于民意，但随着在互联网上表达政治意见的人越来越多，加之互联网的表达相比于传统表达的多层加工，多次过滤，显得更加“原汁原味”。

正确认识网络民意，这就需要网络舆情监测和舆情研判。

何为网络舆情监测，即“搜集和梳理公众意见，提供给政府、企业和其他客户做管理决策的参考，借以改进政府的公共治理，改善企业和 NGO 等社会组织的运营，打造和维系其公共形象。”④ 舆情监测的产品是舆情分析报告或榜单，而生产舆情监测产品的是舆情监察室和舆情分析师。

近年来各地舆情监测室纷纷涌现。当前较具权威性的有人民网舆情室、中国社会科学院新闻与传播研究所中国舆情调查实验

---

① 王明浩．全媒体时代的网络舆情应对［J］．新闻战略，2014（7）．

② 丁柏铨．自媒体时代的舆论格局与舆情研判［J］．天津社会科学，2013（6）．

③ 参见郑雯，桂勇．网络舆情不等于网络民意［J］．新闻记者，2014（12）．

④ 祝华新．舆情监测促进国家治理能力现代化［J］．中国记者，2014（7）．

室、复旦大学传媒与舆情调查中心等。这些舆情检测室都设置有舆情分析师。舆情分析师是人民网舆情监察室率先设置的。后来，人民网受中华人民共和国人力资源和社会保障部委托，多次承办“网络舆情分析师”职业培训项目，参加培训并考试合格者统一颁发人社部网络舆情分析师职业培训合格证。

网络舆情分析报告出来后，需要对舆情进行研判。“我们这样理解舆情研判：对舆情主体、客体、中介性事项、本体及其涉及领域所做的客观真实信息收集和处理，并达致一定明确结论的工作。”① 这里的舆情主体是社会民众，即参与诉求的民众，或非参与网上诉求但与诉求有关的民众；舆情客体是引发民众诉求的相关公共事务；中介性事项是激发民众产生舆情的导火索公共事件；舆情本体是指民众情绪、态度的客观状态，它的积极面与消极面。

研究者指出正确研判舆情需要区分几对舆情矛盾：“区分特殊个案舆情与一般普遍舆情；区分网络虚拟舆情与生活现实舆情；区分短期情绪舆情与长期理性舆情。”② 这里特别指出要特别关注那些因切身利益受到伤害而诱发的非理性舆情，通过民主协商解决矛盾。

同时，正确研判舆情还有一个对舆情的预判，对一项可能引发舆情的公共事务，要事先防患，参与民主协商工作，预防舆情发生或事态的发展。

---

① 童兵，傅海. 正确研判舆情是协商民主成功的基础［J］. 当代传播，2014（4）.

② 童兵，傅海. 正确研判舆情是协商民主成功的基础［J］. 当代传播，2014（4）.

第三节 媒体融合下的传统媒体政治传播之变

面对绝大多数民众，特别是青年民众，热衷于新媒体而放弃传统媒体，只留下部分老年人固守传统媒体的情势，传统媒体加快了媒体融合的步伐，开辟了线上政治传播的新天地。媒体融合之路，已由“+互联网”发展到“互联网+”阶段。也就是说由原有的传统媒体生产的产品数字化，分发到互联网上，发展到用互联网思维另行为互联网生产产品，占领互联网阵地，充分发挥主流媒体的主流影响。

一、传统媒体的网络新闻评论崛起

随着互联网的发展，当前微信正红。个人和机构都可以利用这一平台，发表文字、语音、图片、视频等内容。传统媒体评论部，迅速进军微信，据研究人员2015年对17家传统媒体的调查，有《东方早报》《长江日报》《重庆日报》《羊城晚报》《新快报》《华南报》《燕赵都市报》等多家开设了微信公众号。《人民日报》于2013年即组建了新媒体评论室，有六七个评论员参与微信公众号的正常运转。《北京青年报》专门成立了微信公众号“团结湖参考”编辑部，有六七个人参与运营。除此之外，《凤凰网》有“凤凰评论”，《晶报》有“晶报评论”、《新京报》有“沸腾”、《南京都市报》有“有难度”、《南方日报》有“南方评论”、《河南商报》有“攀谈天下”、《华商报》有“深度评论”等。微信公众号为微信平台量身定造，强调原创。除了评论员在自家的微信公众号发表评论外，还为外报公众号提供评论，这样丰富了整个网络的评论内容。除了允许本报的评论员向外供稿外，还允许评论员开设私人微信公众号。①

在新媒体平台，网络评论表现手段多样，擅长使用图片、视频、漫画等形式呈现，增强了说服效果。文字表达方面力求有见识、有资料、犀利、深入，文风活泼，语言风趣，文章精悍，适用微信阅读和传播。再者，由于能及时得到网友反馈，从点击率、网友评论，网络评论者可及时发现评论的效果和不足，随时予以调整和修正。

网络舆论的发展，带动了纸媒评论的变化，对纸媒的评论形成一定的冲击。如《新华每日电讯》评论部逐渐放弃了新华社播发的“新华时评”等通稿，增加了约稿与原创评论比重，版面构成变为每天“7 篇原创评论 +1 幅漫画”。

新闻评论历来被称为报纸的旗帜，其地位可见一斑。在新闻政治的传播中，评论地位更高，它担任政治传播的重担。可是，新媒体时代，网络上的评论以多种形式呈现，纸媒的评论呈现颓势。新媒体评论将使纸媒的观点市场重新焕发生机。

二、社会热点报道不再缺席

社会热点，一般都是涉及政治的新闻事件。以往，这些事件在网上炒得沸沸扬扬，但传统媒体始终无动于衷。最多在结果出来后发一条消息，很少对事件全过程予以报道。因为这些事件敏感度强，传统媒体生怕犯错误。于是干脆充耳不闻，不予报道。这样，媒体避免了担责风险。但媒体却使民众感到失望。因为民众在网上众说纷纭的情况下，往往想在公信力强的传统媒体上寻

① 参见陈敏．媒体融合背景下中国新闻评论之变［J］．新闻记者，2015（5）．

找真相。而传统媒体如果使他们失望，他们便会越来越疏远传统媒体，我们传统媒体便逐步失去信息供给的优势。

传统媒体的政治传播主要靠政治观点的传播和政治信息的传播，要取得更好成效，必须同时在这两方面下功夫。

我们欣喜地看到，自媒体融合以来，传统媒体加强了热点报道。我们看到一些社会热点事件上了传统媒体官方微信公众号。如 2020 年 8 月 17 日广东佛山杏坛镇一名 12 岁罗姓女孩牵了别人家的大狗，在集市上遛狗，狗突然挣脱牵狗绳跑了，牵狗绳将一位 88 岁的老奶奶绊倒，经抢救无效死亡。有人在网上发帖，报道此事称小女孩发现老人倒地，仍未停留，很“冷血”“自私”“没有人性”，一时间，针对女孩的指责铺天盖地。

当地镇政府回应发了个“情况通报”，说此女孩系 12 岁未成年人，认为该事件系“意外事件”。通报一出，一石又激起千层浪，有人觉得“意外”这个词过于“冰冷”，也有人认为有为小女孩开脱之嫌，有的人认为应当重罚监护人等。人民网认为当局已着手处理责任方，我们应当吸取的教训是，养狗人要承担起看护的责任，多起狗伤人的事件令人触目惊心，多起因狗伤人的刑事判决应让养狗人警醒，各地纷纷出台养犬的相关规定，养狗人只有严格遵守这些规定，才不会让悲剧重演。人民网的官方微信冷静理性分析，有理有据的说服，让网民心悦诚服，舆情便开始降温。

纸媒方面，《解放日报》先行一步。它近年参与重大舆情热点的一系列特稿，取得可喜的社会效果。《永远的 22 岁》在《解放日报》官方微博转发过万，在网上引发热烈反响。复旦大学投毒案在网上引发热议，流言四起。《解放日报》一篇特稿《难以找到的真相》澄清事实，还原真相，《人民日报》官方微博迅即转发。南京小护士被打特稿在新浪网上网后，参与互动人数达八万。《八项规定一年来》引发全国数十家媒体跟进报道，引起社会广泛共鸣。贵州毕节流浪儿童失火事件的报道，被网民点赞为“最客观”“最全面”的报道。这些特稿均在《解放日报》官方微博、解放网、解放特稿公共微信号同时发布，彰显了主流媒体在网上对于社会热点的权威发声。

三、媒体记忆：新媒体政治传播必选

社会记忆，或称集体记忆、公共记忆，是民族、社群、国家对过去的意识建构，通过建立一个统一的过去的表现形式建构他们自己的世界。凯赛指出，社会记忆有两个特征：一是该记忆的内容必须对广大公众来说是一种具有震撼性的事件，这些事件会成为人生的转折点。二是公共记忆必须有一个重要的“辅助性工具”，即一个纪念的地方或一个纪念碑等。①

社会记忆非常重要。前事不忘，后事之师。它能帮助一个民族一个国家，不断累积经验，民族或国家才得以进步发展。在纪念毛泽东同志诞生 120 周年座谈会上，习近平总书记意味深长地说：“一切向前走，都不能忘记走过的路，走得再远，走到再光辉的未来，也不能忘记走过的过去。”

媒体记忆，是社会记忆重要的呈现形式。新闻与记忆有着天然的密切关系，媒体记忆有两个面向：“昨天的新闻，今天的历史”和“昨天的历史，今天的新闻”。

媒体记忆担负着新闻选择过去最重要的人物和事件，进行历

① 转引自张俊华. 社会记忆研究的发展趋势之探讨［J］. 北京大学学报（哲学社会科学版），2014（5）.

史意义的阐释的人物。正如吉尔·A伊迪所说的，通过报道，将读者纳入社会和国家中，将“过去”鲜活地展现在人们面前，在“过去”和“现在”之间创造一种情感的联系，即社会认同。[①]这种社会认同，正是政治传播追求的目标。所以，媒体记忆，被纳入政治传播获得最成功最佳效果的一种重要途径。

在新媒体崛起之前，传统媒体就十分重视媒体记忆。每逢节日、纪念日、某个历史人物的周年诞辰，重大历史事件纪念日等，媒体记忆便活跃起来。

媒体记忆需要记忆设置。尼塔·克里格勒—瓦伊尔克最先提出了记忆设置这个概念。他将“议程设置”的概念，引入媒体记忆的研究之中。在我国，记忆设置是由党和政府以及媒体设置的。通过重提公共记忆中的人和事，以引起公众的普遍关注和重视，进而成为议论的中心话题，塑造社会共识的重要方式。

党的十八大刚刚落幕，习近平总书记带领政治局6位常委，于2012年11月29日，来到国家博物馆参观《复兴之路》，唤起了人们对一百多年来中国人民为了民族解放和复兴的前仆后继斗争的记忆。习近平就参观引起的公共记忆来构建当前的现实意义，当场首次提出实现中华民族伟大复兴的中国梦。

媒体报道后中国梦很快得到全体国民的认同。起到了凝聚人心，发愤图强的政治动员作用。

媒体报道，2014年5月4日青年节，在五四运动95周年之际，习近平来到新文化运动的中心和五四运动的策略地北京大学，与师生座谈，重温当年情景，朗读当年李大钊所写的词《青

① 转引自周海燕. 媒介与集体记忆研：检讨反思［J］. 新闻与传播，2014(9).

春》。这一文化记忆设置，将北大师生带到五四运动的记忆之中。然后，习近平顺势提到实践社会主义核心价值观，以弘扬五四精神。这既是一次继承优秀传统文化精神的政治动员，也是一次对社会主义核心价值观的解读，一次对实现社会主义核心价值观的路径的昭示。

这一类的媒体记忆在传统媒体上屡见不鲜。自媒体在网络登场后，媒体记忆在网上也大显身手，特别是传统媒体的微信公众号，更是大放异彩。

人民日报人民网，在纪念抗日战争胜利 75 周年的 2020 年 8 月 15 日，微信公众号的媒体记忆丰富多彩，既有文字，又有大量照片，如当年报刊上刊登的日本投降的消息，在南京举行的投降仪式，当年延安召开庆祝抗战胜利的群众大会，对 3500 万遇难同胞的悼念。还刊发了一批抗战先烈的照片及事迹，如写作《告民众书》在中山陵前剖腹自刎的续范亭，他愿以死唤醒国人精诚团结，奋起杀敌；如 31 岁的赵一曼抗战中受伤被捕，英勇献身；东北抗日联军队长赵尚志，震慑敌军，后中弹牺牲，遗体遭日军残害。还有 20 位中国远征军滇西抗战老兵的拼图照片，以及今日人们纪念烈士陵园抗日先烈的照片。微信最后的文字：落后就要挨打，发展才能自强。不忘过去的历史，是为了更加珍惜今日盛世，铭记曾经的苦痛，是为了更加奋发砥砺前行。字字珠玑，表达了媒体记忆的愿望。

在新媒体时代，自媒体虽然也有社会记忆，但这些社会记忆往往是碎片化的，随意的，不够专业的，甚至是违背历史真实的。严格意义上说，还称不上媒体记忆。新媒体上的媒体记忆，需要传统媒体去开发。

传统媒体在媒体记忆方面具有下述优势：

第一，能适时适地地建构媒体记忆的意义。媒体记忆与社会记忆的主要不同点，就是媒体记忆可在社会记忆的基础上进行记忆设置，简单地说就是赋予社会记忆恰如其分的意义，提升社会记忆的品格。而自媒体往往只能照搬社会记忆或个人记忆。而媒体记忆设置能提升媒体记忆的政治传播效果。

适时适地，就是说媒体记忆要有相对应的时空。一是时间节点的选择，一般是历史事件的多少周年纪念，或是现实中党和国家领导人重要政治活动的历史时刻。二是空间地域的选择，一般选择历史纪念地，纪念馆，历史人物塑像前。

第二，能比较专业地熟练运用多种表现手段。传统媒体的媒体记忆已运用多年，积累了丰富的经验和丰富的呈现方式，专业技能比较娴熟。将它们运用到新媒体，自然比较驾轻就熟、得心应手。

我们看到，在今天的新媒体的媒体记忆中，口述历史、仪式化、传说的借用、故事化、实物纪念品、遗迹、手稿、书籍、图片、摄影图片、视频、绘画雕像、报纸杂志、建筑物、博物馆、档案馆、图书馆等，多种形式，能用尽用。

新媒体记忆的模式也多样，主要有几种："即报道历史，以见证人的身份进行历史记忆；再现历史，以复述者的视野建构历史记忆；重塑历史，以艺术家的想象丰富历史记忆"。①

第三，能比较忠实地再现历史真相。传统媒体的公信力和权威性在新媒体上仍然让网民信服，新媒体上微信公众号上的媒体记忆，自然也获得网民的信任。

---

① 余霞. 历史记忆的传媒表达及其社会框架［J］. 武汉大学学报（人文科学版），2007（2）.

确实，传统媒体在网上的媒体记忆一如传统媒体上的媒体记忆，均不受外因困扰，忠于事实，还原真相。

可是，在一些社会环境中却不是这样。一位美学者提出："我们生活在一个马克思所说的金钱成为世俗大帝的时代，就连记忆也难逃出商品的逻辑，无论是个体记忆还是有关民族历史的集体记忆，都会与生产和消费者两个貌似无关的商业环节结合在一起。"①

媒体记忆常受政治势力、商品资本所左右，颠倒历史，篡改历史。美国的媒体记忆就多次抹杀苏联红军在二战中的重要贡献。而台湾地区，为了"台独"，媒体记忆千方百计割裂台湾与大陆的联系。

2019 年 1 月 25 日，中共中央政治局就全媒体时代和媒体融合发展举行第十二次集体学习。习近平总书记在主持学习时强调，推动媒体融合发展，建设全媒体成为我们面临的一项紧迫课题。他指出，"要运用信息革命成果，推动媒体融合向纵深发展，做大做强主流舆论"。

做大做强主流舆论，自然给政治传播提出了更为重要的任务。

建设全媒体，做大做强主流舆论，这是新时代政治传播的现实目标。应当实事求是地说，我们目前的媒体融合还是浅层次的，传统媒体距全媒体还有一定距离，占领网络舆论阵地还要努力。我们还在路上，任重而道远。

---

① 王炎．奥斯威辛之后——犹太大屠杀记忆的影像生产［M］．北京：生活·读书·新知三联书店，2007：15－16.

第六章

新时代中国新闻政治传播的路径选择

提升我国新闻政治传播的效果，是我们当前面临的紧迫而重要的课题。新闻从业者都在思考：为什么我们的新闻政治传播领域不断受到挤压，受众为什么会不断减少？为什么我们的新闻政治传播不为受众所看好，产生低效果甚至无效果？

如果说问题意识是解决问题的导向，那么，我们的思考，是不是问题的症结？如果是，那么解决问题的出路在哪里？

美国学者兰斯·班尼特，通过分析研究，找到了政治新闻的硬核。他认为：“媒体，公众和政治人物之间如何相互作用，这是一个结构性的核心主题”。[①] 广义的政治新闻，实际就是政治传播。我们沿着解决这三者关系的思路前进，也许不失为解决问题的良策。也就是说，解决好媒体、公众、党和政府的良性互动，是提升新时代新闻政治传播的有效途径。因为政治传播，是媒体

① ［美］兰斯·班尼特. 新闻：幻象的政治［M］. 杨晓红，王家全，译. 北京：中国人民大学出版社，2018：13.

一头连着党和政府，一头连着公众，只有三方相向而行，才能实现三赢。

第一节　加快融合，拓展新闻政治传播领地

时下，网络传播东风正劲。据《中国互联网发展状况统计报告》：截至2020年6月，我国网民规模达9.40亿，相当于全球网民的五分之一。互联网普及率达全民的67%，高于全球水平5个百分点。我国使用手机网民8.97亿，网民中使用手机上网的比例为99.3%。这么庞大的受众市场，传统媒体挺进网络所占比例虽然逐年在扩大，但与实际需要相差甚远，特别是与政治传播的要求有较大的距离。

2020年9月下旬，中办、国办印发《关于加快推进媒体深度融合发展的意见》，这一文件的下达，又如敲响了催战的战鼓。如果说，十多年前，党和政府吹响了网络进军的号角，这一次则是吹响了冲锋号。

加快深度融合的重要目标，就是要让主流媒体占领网上阵地。它的主要任务，就是要让党和政府的声音得到充分的表达，以引领网上舆论。也就是说要让政治传播扩大化，并取得更好的效果。根据十多年媒体融合正反两方面的经验，在加快深度融合中的政治传播应在下述努力方向上着力。

一、时政新闻要寻求网络表达形式

有些传统媒体的新闻网站，曾经将报刊或广电的时政新闻，照搬到网上，然而事实证明传播效果不佳。时政新闻上线，必须

符合网络的特点：短、频、活。

短，当然是指上线的时政新闻要短小精悍，切忌长篇大论，一事一议，或一个议题一论。为了求短，分众化传播是必然的选择。由东方早报成建制转型而来的新媒体澎湃新闻，已上线6年。根据不同受众的需求，目前澎湃新闻设置8大板块80余个栏目，其中不少涉及时政新闻。比如“奋斗百年路　启航新征程”版块中又有“初心之路”“脱贫攻坚”“红色故事”等栏目。而“中国政库”中则设“中南海”“初心之路”“澎湃要闻”等栏目。短，还表现在标题或提要上，在其短短的标题或提要中要体现该条新闻的要旨，以符合快阅读时代的要求。

频，这里所说的频，是指视频。在读图时代，视频图像更受受众的青睐。因此，视频，特别是短、中视频在网上大行其道，十分火热。时政新闻不论是报纸还是广电，融入中短视频更能吸引眼球。如2020年大年初六，江苏省委书记检查基层疫情防控情况，江苏广电总台记者将其中省委书记与农村防疫人员的一段即兴对话，制作成短视频《江苏省委书记进村检查疫情被拦下，大爷的回答有多硬核?》发布后，很快就进入微博热搜前三名，话题阅读量达2.5亿，全网浏览超亿次。实践证明运用短视频发布时政新闻大有可为。

浙江日报报业集团于2013年4月，并购边锋浩方网络平台，获取了3亿注册用户、2000万活跃用户的互联网用户平台和近千人的互联网技术团队，这为其向互联网进军打下了良好的基础。这些年来，形成了以时政新闻为主要内容的天目新闻客户端、小时新闻客户端等为重点平台的新闻传播矩阵。2019年10月上线的天目新闻客户端，主打短视频，影响力越来越大。

活，是指表达形式要活，传播方式要活。新华通讯社在融合发展中强调："在语态上实现从广谱宣传向个性表达拓展，体现分众化、差异化、对象化新特点，强化可分享、可体验、可互动新功能。""用心、用情、用功打造精品力作，变生硬说教为平等交流，变文件语言为群众白话，变概念口号为生动故事，把宏大叙事同个体体验结合起来，把讲道理与讲故事结合起来，写既有态度又有温度的新闻，讲既有意义又有意思的故事"。同时，新华社新媒体中心还自主刊发了"时政动漫平台，提高可视化"。①

羊城晚报报业集团，在2020年新冠肺炎疫情发生后，充分展现党和政府对战疫情的有力举措，体现社会主义制度的优越性，在羊城晚报纸媒、金羊网、羊城派、羊城晚报"两微一端"、羊城晚报抖音号等上不仅发布短小精悍的时政新闻，而且原创拍摄粤语、普通话双语纪录片《钟南山：中国行！广州行!》、原创音乐MV《我们不怕》、原创全媒体"艺起战疫广东文艺界在行动"系列报道，在清明国家哀悼日推出系列微纪录片《独家记录：疫·家人》等4个爆款产品，在全网全平台取得超6亿流量的好成绩。②

二、政务公开、公众参与、对话交流

互动、参与，是互联网的最大特点，而新闻政治传播，能给公众开放一个平等对话的平台，让执政者随时能听到公众对政务工作的及时反馈并不断修正补充政务工作，这无疑会大大提升政治传播的效果。传统媒体利用网络，加强网络政务平台的建设，

---

① 何平. 坚持守正创新 担当使命任务［J］. 中国记者，2021（1）.

② 参见刘海陵. 全力打造具有鲜明岭南特色的新型现代文化传媒集团［J］. 中国记者，2021（1）.

构建网媒问政机制，推动网络论坛健康发展，是推进网上政治传播的着力点。

政治传播学者蒂姆·库克把政治人物与记者密不可分的关系称为“新闻执政”。政治人物需要把他们的立场和观点变成新闻。[①] 我国党和政府的执政理念何尝不是如此，即通过时政新闻实行执政，在网络时代，则通过更多形式实施执政。

（一）构建“三位一体”的政务平台

传统媒体所建的“政务平台”，是党和政府直接面向网民的政治服务平台，是政治传播的一种重要形式。政务平台有由政府直接在网上办的，也有传统媒体在网上办的，这里讲的是传媒开办的。这些年来传媒办的政务平台不断完善，效果越来越明显，吸纳了诸多党和政府自办或者政府委托承办的政务网进入。

新华社的新华网打造国家级的政务服务平台。发挥承办中国政府网、中国文明网、中国互联网联合辟谣平台等政务网站集群资源优势，构架“权威发布 + 问政互动 + 办事服务”三位一体的政务平台。强化政务信息发布，通过“新华号”广泛链接党政机构用户入住并供给内容，推动互动留言。政务直通车等产品，打造网上办事服务和政策查询平台，推出办事服务“用新办”政策查询“用新查”等产品。[②]

新华社客户端政务平台打造“全名拍”社会治理信息平台。“全民拍”目标是服务大局，推进国家治理体系和治理能力现代

---

① 转引自［美］兰斯·班尼特. 新闻 幻象的政治［M］. 北京：中国人民大学出版社，2018：13.

② 参见田舒斌. 新华社：“平台再造”再出发［J］. 中国记者，2021（1）.

化。它聚焦解决群众生活中的民生难点、痛点、热点问题，用户随手拍视频上传到客户端，可作为线索分发给“国家队”的编辑记者，分发给各部委 + 各地市的 12345，解决后作为独家内容呈现出来。①

（二）推动网媒问政发展

网媒问政萌芽于 21 世纪初，到 2010 年迅速兴起，人民网的《领导留言板》，红网的《百姓呼声》，大河网的《焦点网谈》，奥一网的《网络问政》，胶东在线的《网上民声》等栏目体现了中央、省、地市三级网媒问政同时兴起。2014 年 3 月 1 日，中国政府网开通《我向总理说句话》栏目，征集网民对政府工作的意见。十年来，网媒问政深入发展，形式、力度、效果都逐渐向纵深发展。

网媒问政是中国政治传播的独创之举，它体现了中国的政治民主，党的群众路线以及政治沟通机制的逐步健全。

据对 84 家地方各级传媒开设的新闻网站统计：网络问政类栏目 30 家，占比 35.7%；在 46 家新闻网站中，开设网络问政类栏目 17 家，占比 36.9%。红网、北方网、大江网、荆楚网、四川在线等发展突出。在 38 家城市新闻网站中，开设网络问政类栏目的有 13 家，占比 34.2%，这说明网络问政栏目还有较大的发展空间。

在诸多地级市城市中，烟台广播电视台开办的《网上发声》是较有特色的一档网络问政栏目。它充分发挥了通过网络听取民

---

① 参见陈凯星. 新华社客户端：新版创新“新闻 +”运营新模式［J］. 中国记者，2021（1）.

声、了解民情、回应民意的作用。从 2003 年开通至 2020 年，累计收到群众反映的问题 100 万余条，回复率保持在 98% 以上。该栏目先后荣获 2007 年度中国互联网站品牌和十九届中国新闻奖新闻专栏类一等奖。2020 年 4 月，荣获全国走好网上群众路线典型案例优秀奖。2019 年，广电又推出了《问政烟台》节目，实现了电视广播、网络、客户端融媒体问政直播。①

（三）推动网络论坛的创新发展

党的创新理论的宣传，并努力提高其传播力影响力，传统媒体和新媒体，都是政治传播的重要议题。不过网上别开生面的理论宣传，才能“飞入寻常百姓家”，取得和传统媒体不一样的效果。

2020 年人民日报理论部的一些理论文章，如钟南山的《人民至上・生命至上》，张定宇的《平凡人也能成为真英雄》，张桂梅的《传承红色基因，培育时代新人》等，既深入解读了以习近平同志为核心的党中央重大角色部署，又充分发挥了理论宣传轻骑兵的特点，亲民、生动、接地气。在微博、微信、客户端等播发后，形成“亿级”阅读量，话题位列微博热搜第 7 名，多个微信公号发布后迅速达到“10 万 +” 等爆款。②

理论文章有如此破天荒的纪录，得益于如下举措：其一，主动向有社会知名度的人士约稿，借助其知名度带来传播的人气；其二，以小切口呈现大主题，降低“高大上”的身份，由“曲高

① 参见邓兆安，崔景友，宋君．网媒问政平台发展的新路径［J］．新闻战线，2021（1）．

② 参见人民日报理论部．推动党的创新理论“飞入寻常百姓家”［J］．新闻战线，2021（1）．

和寡”变为“曲高和众”；其三，适应网民的话语表达，如张桂梅文章中的“让学生们远方有灯，脚下有路，眼前有光”成为网络金句。

人民日报发动社会力量进行理论传播可成为网络理论宣传的一个行之有效的经验，而中央电视台通过话题设置来引导正面舆论的做法也值得称道。

2020 年岁末，央视在微博上设置话题：“谢谢你陪我走过 2020”，征集网友各种“表白”故事。该话题一经推出，便引起网友围观和热议，“有人感谢医务人员，有人感谢同事同学，还有人感谢没有轻言放弃的自己，微博里一个个普通民众在回望中，抒发着自己的切身感受。”①

网上需要话题设置，犹如新闻需要议题设置一样重要。它能引起网民对某一话题的关注，同时能引导舆论。并能调动网民参与社会话题的积极性，从“信息茧房”中走出来，关心国家大事。

第二节 传统媒体自身的改革创新

新时代新闻政治传播的发展路径，第一要务是加快传媒深度融合。这既需要传统媒体在现阶段花主要精力经营好网上新媒体业务外，同时，还要带动纸媒，电子媒体本身的改革创新，这种改革创新目前应从深化内容生产，扬己之长，发展新型话语体系和加强舆论监督报道四方面着手。

---

① 周庚虎，周咏，滕泽人，方思贤. 优化融合报道机制的四个着力点 [J]. 中国记者，2021 (1).

一、深化内容生产，改革粗放型传播

以往的时政新闻一般采用粗放型传播，缺乏深耕细作，缺乏个性，常公式化、刻板化，缺乏吸引人的元素。其实，传统媒体经过长时间的积淀，在内容精细化生产方面积累了丰富的经验，这也正是传统媒体的优势。

湖南日报在对同一题材深度开发，进行多样表达上取得了一定经验。如对十八洞村的报道，同一个题材，开发出多种报道形式。如《十八洞村，换了人间》，在过去对村寨大变样的报道的基础上，这次报道选择了村民精神面貌的改观，报道了号称刺头、酒鬼等典型人物的转变。在《嬗变的十八洞村人》，则表现了十八洞村人紧跟时代进步的人物故事："绣娘的危机""网红的惊艳""诸葛的愿景"等，呈现了十八洞村人如何利用非物质文化为现代社会服务，利用现代科技互联网，参与商品流通。《十八洞村的甜蜜婚礼》，介绍了大龄青年通过养蜂致富娶上媳妇，在婚礼上请大家多喝蜂蜜，多喝喜酒，多吃喜糖的故事。让读者也沉浸在新郎的幸福喜悦之中。H5 作品《十八洞村的 19 张笑脸》，选用十八洞村人 19 张村民的笑脸，使人真切地感受到村民的幸福感、获得感。中短篇报告文学《暖村 · 成长》则通过非虚拟写作的形式，生动活泼地记录了十八洞村成为一个温暖人心的村庄的前进步伐。

有研究者认为，"用马克思主义实践观分析发现，传播现象由十要素构成，相比于人们熟悉的'5W'要素，传播的十要素还包括 Matter（事体）、Resources（制度资源）、Constructive Behavior（建构性行为）、Communication Scene（传播场景）、Knowledge（传播所需的知识）。马克思主义实践观视域中的传播逻辑起点不是传递给受者对客体的认识，而是改造和影响客体的实践。”①

面对重大题材的新闻富矿，传统媒体要像《湖南日报》对待十八洞村的新闻题材一样，不能简单对待，以一篇报道了之。而应以传统媒体新闻人才的新闻敏感性、专业性、权威性，从传播的十要素出发，多侧面多角度地挖掘和表达新闻题材的内涵。在这个互联网新闻信息碎片化、浅表化时代，受众更需要有深度有宽度的新闻。

二、扬己之长，充分发挥传统媒体的优势

传统媒体有着自己的许多优势，认清自己的优势，尽量发挥自己的长处，可在激烈的竞争中赢得先机。

比如说，传统媒体有着丰富的新闻资料的积累，或是以素材资料的形式，或是以刊播过的新闻稿片，在我们今天进行报道时，可充分利用。

央视为纪念中国共产党诞生 100 周年，在新闻联播中开辟了一个专栏《奋斗百年路　启航新征程》，栏目回顾和呈现了中共百年历史的闪光点。在这些新闻片中使用了大量的素材资料、新闻稿片，甚至揭秘了一些机密材料，使得报道变得厚重、权威。

又如传统媒体有丰富的社会资源，有很广的人脉可供利用。遇到政策解读，或者是重大会议精神报道，传统媒体可得心应手，请相关专家、学者进行诠释，使报道更为精准，更令人信服。

光明日报创办《红船初心》专刊和《“十四五”新词典》等

① 中国传媒大学党报党刊研究中心课题组. 大变局时代党媒的责任与担当[J]. 中国记者，2021（1）.

一些颇有影响的报道，其中就邀请了相关党史专家和大学教授等进行解读，充分发挥了社会精英的作用。

三、变革话语体系，使政治话语更亲民

李希光对我国政治新闻的话语进行批评：“官方新闻媒体还有很多固定模式，陈词滥调、形容词、渲染性的语言，过多的政治术语和过多的述评性语言充斥着政治术语的新闻报道不是真正的政治新闻。官方媒体还有过多的会议和成就报道，而绝大多数这样的报道都是无效的功能。结果媒体失去了传播的功能，因为没有人愿意读这样的新闻。”①

李希光一针见血地指出了政治新闻话语体系的通病，而许多传统媒体也正在下决心变革这种话语体系。十年前，新华日报编委会就建议在政治新闻中少用下列词语：高度重视、正确领导、英明决策、高瞻远瞩、亲切关怀、高度评价、欢欣鼓舞等 80 个词组。十年后，新华社全媒编辑中心的几名编辑提出：学习群众语言，注重用户体验，努力做到“长话短说、官话民说、硬话软说、空话不说”，避免自言自语、自说自话。逐步构建起顺应时代发展的新型话语体系。②

政治传播中话语体系的模式化、刻板化已逐步向新的党八股滑行，变革改造迫在眉睫。

四、加强舆论监督报道

舆论监督报道是政治传播的一种重要形态。它能弘扬正气，

---

① 李希光. 畸变的媒体 [M]. 上海：复旦大学出版社，2003：272.

② 参见周庚虎，周咏，腾泽人，方思贤. 优化融合报道机制的四个着力点 [J]. 中国记者，2021 (1).

化解民众情绪，表达群众意见。我们在颂扬真善美的同时，不能放弃揭露假恶丑。

但在现实报道中，舆论监督报道比较少见。其中原因是这类报道常遭遇重重困难和阻力。这些阻力有来自外部，如报道对象的不配合，也有来自内部的地方保护主义。更有甚者，还要冒官司缠身的风险，因此有人形容舆论监督报道为“刀尖上的舞蹈”。但是作为新闻记者，“铁肩担道义”，必须冒风险，不能辜负人民的期待。

如何做好舆论监督报道，既保证舆论监督报道取得好的社会效果，又保护自己免受伤害，新华社社长何平提出八字要求：“风险可控、效果可期”。①

要做到“效果可期”，必须着眼大局，被监督的人与事，必须是“中央明令禁止”和“人民群众深恶痛绝的”。选题选得准，才能打到被监督对象的痛处，监督效果才准，对党的政策的落实、人民的期待，才有满意的答案。

“风险可控”，是指调查采访必须深入周到，充分采访多方当事人，甚至第三方，确保用事实说话，客观公正，无懈可击。

传统媒体进行舆论监督报道是有优势的。它的公信力与权威性，它的队伍的专业水平，它的社会支持力度，以及站在记者背后的组织力量，是自媒体无所企及的。加强舆论监督报道，也许是传统媒体摆脱困境的出路之一。

① 王文志. 舆论监督报道要做到“风险可控、效果可期”［J］. 新闻战线，2021（1）.

第三节　充分发挥新型主流媒体的复合力

融合后的新型主流媒体，要防止传统与网络仍然两张皮，单打独斗，依然故我。而应当1+1>2，形成复合力。这样，政治传播阵地不断拓展，传播的影响力还会倍增。怎样形成复合力，可以在从业人员职业意识更新，运营机构的统一协调以及提供受众分享空间，做“能增值的传播”等方面下功夫。

一、从业人员的职业观念提升

无论是报刊从业人员，还是广电人，都要转型为新媒体人。既要熟悉传统媒体的操作套路，又要熟悉新媒体内容生产营运。只有做这样的复合人才，才有可能将做新媒体产品作为分内之事，统筹安排。特别是时政新闻，做新媒体产品难度更大。只有有了做新媒体产品与做传统媒体产品都是重要职责的理念，在采访中需要搜集什么样的新闻素材，哪些素材传统媒体用，哪些新媒体用，记者才能胸中有数、统筹安排。

浙江日报把全媒体人才作为推进集团媒体深度融合的核心要素，在培养一支一专多能的复合型新媒体人才队伍方面多处使力：一是对外引进优秀人才，对内创造人才成长环境；二是探索建立市场化用人机制，完善职工职级体系；三是建立符合传媒行业特点的薪酬制度；四是建立分层分类的新媒体考核体系。①

---

① 参见周庚虎，周咏，腾泽人，方思贤．优化融合报道机制的四个着力点［J］．中国记者，2021（1）．

二、充分发挥全媒体编辑中心的中枢作用

全媒体编辑中心要起到主流媒体智慧大脑作用：“指挥协调总调度、组织策划总枢纽、融合加工总平台、全媒发布总出口。”特别是面对国家大政方针的颁布，或是重大决策，大编辑中心的策划尤为重要，报（台）、网、端、微各个平台如何根据自己平台特色，多角度多侧面呈现，分别发布，形成合力，做到“你中有我，我中有你。”大编辑应有个总体考量，不能各自为政，各吹各的号。在内容生产上，要统筹安排，在全媒体各平台的发布，也要考量精准化，有针对性分发。

大编辑中心还有一项重要工作，评价全媒体传播效果，阅读率（收视率）订阅量、点击率、网站访问量、网页浏览量等。不仅要测评播发“平台送达”，更要关注以“转评赞”为标志的“用户抵达”。同时，还应关注用户的互动，确认让用户产生共鸣的关键节点。评价传播效果有助于大编辑中心及时调整和修正策划、编辑、发送方针。

三、提供受众分享空间，做“能增值的传播”

新时代，受众参与的积极性很高，正因为受众的积极参与，才使得传播效果获得一些意想不到的正能量。当然，只有传播在内容上留有足够的分享空间，才能激发受众参与的积极性。特别是政治传播，受众参与是增加传播效果的有效途径。

一般来说，为受众提供分享空间，议题设置非常重要。2009年 8 月，新华社与知乎联合发起“你好中国 · 问答 70 年”线上互动活动，有 4. 8 亿人次参与，总浏览量 3200 万，取得了增值的效果。特别是参与者多为年轻的大学生，这就等于在大学生中进

行了一次爱国主义教育的政治传播，并取得很好的效果。

为受众提供分享空间，内容本身的潜在价值是否丰厚也非常重要。

2016 年，央视新媒体推出《春晚后台》系列直播，2017 年推出《两会 镜头》系列直播。随后，相继推出了《上海这一刻：黄浦江》《远眺大理崇圣寺三塔》《广西神秘的白头叶猴家族》《疫情 24 小时》《珠峰十二时辰》《湖北五大景区》《长城十二时辰》《在线北京的秋》等一系列慢直播。慢直播是纪录片的一个分支。它具有长时段性、非事件性、原生态性与实景优化、陪伴式社交、无限衍生内容等。①

慢直播因直播内容丰富，具有共享性和分享性。如在“两神山”医院建设慢直播中，4 万双网友的眼睛一齐关注着两座方舱医院建设全过程的画面动态，形成新闻资源“共享”，而不同网友从不同的视觉“分享”新闻资源的不同意义。这样，网友的积极参与，惊叹“中国速度”“与疫情赛跑”，进而延伸出中国政府的“人民至上”“执政为民”理念。网友通过表情包、写段子、建立微博超话等形式来表达。央视在慢直播时选择以“泳道”的方式呈现，上窗为信号流和事实流，下窗为意见流和情绪流，实时将网友的表达呈现出来。

① 参见杨建红. 慢直播传播特征：场景介入 + 用户卷入［J］. 中国记者，2021（1）.

参考文献

一、国外著作

1. ［英］麦克奈尔．政治传播学引论［M］．殷琪，译．北京：新华出版社，2005.

2. ［美］爱德华·L. 伯内斯．宣传［M］．胡百精，董晨宇，译．北京：中国传媒大学出版社，2014.

3. ［美］阿尔蒙德，鲍威尔．比较政治学——体系、过程和政策［M］．曹沛霖，译．北京：东方出版社．2007.

4. ［美］凯斯·桑斯坦．网络共和国：网络社会中的民主问题［M］．黄维民，译．上海：上海世纪出版集团，2003.

5. ［美］克拉莫尼克，华特金斯．意识形态的时代［M］．章必功，译．上海：同济大学出版社，2006.

6. ［英］安德鲁·海伍德．政治学［M］．张立鹏，译．北京：中国人民大学出版社，2006.

7. ［美］达尔. 现代政治分析［M］. 王沪宁，陈峰，译. 上海：上海译文出版社，1987.

8. ［英］约翰·B·汤普森. 意识形态与现代文化［M］. 高铦，译. 南京：译林出版社，2005.

9. ［美］肖·阿·纳奇拉什维里. 宣传心理学［M］. 金初高，译. 北京：新华出版社，1984.

10. ［美］兰斯·班尼特. 新闻：幻象的政治［M］. 杨晓红，王家全，译. 北京：中国人民大学出版社，2018.

二、国内著作

1. 荆学民，政治传播活动论［M］. 北京：中国社会科学出版社，2004.

2. 景跃进. 政治学原理［M］. 北京：中国人民大学出版社，2011.

3. 张晓锋，赵鸿燕. 政治传播研究：理论、载体、形态、符号［M］. 北京：中国传媒大学出版社，2011.

4. 李元书. 政治体系中的信息沟通：政治传播学的分析视角［M］. 郑州：河南人民出版社，2005.

5. 王明生. 当代中国政治参与研究［M］. 南京：南京大学出版社，2012.

6. 麻宝斌. 中国社会转型时期的群体政治参与［M］. 北京：中国社会科学出版社，2009.

7. 管文虎. 国家形象论［M］. 北京：电子科技大学出版社，2000.

8. 周逵. 非虚构：时代纪录者与叙事精神［M］. 北京：清华大学出版社，2016.

9．刘文富．网络政治：网络社会与国家治理［M］．北京：商务印书馆，2004．

10．袁峰，顾铮铮，孙钰．网络社会的政府与政治［M］．北京：北京大学出版社．2006．

11．习近平新闻思想讲义［M］．北京：人民出版社、学习出版社，2018．

12．中共中央宣传部编．习近平新时代中国特色社会主义思想学习问答［M］．北京：人民出版社、学习出版社，2021．

13．李希光．畸变的媒体［M］．上海：复旦大学出版社，2003．

三、刊物论文

1．荆学民，段锐．政治传播的基本形态及运行模式［J］．现代传播，2016．(11)．

2．王童俊，钟智锦．政治新闻如何塑造参与行动．政治心理的视角［J］．国际新闻界，2018 (10)．

3．熊美娟．政治信任、政治效能与政治参与——以澳门为例［J］．广州大学学报（社会科学版），2013 (3)．

4．祖昊，荆学民．政治传播中“政治阐释”之辩证［J］．青海社会科学，2018 (5)．

5．张江．公共阐释论纲［J］．学术研究 2017 (6)．

6．俞可平．政治传播、政治沟通与民主治理［J］．现代传播，2015 (10)．

7．段鹏．政治新闻的控制与沟通——政府与新闻媒介的互动［J］．现代传播，2010 (3)．

8．荆学民．关于政治传播内容的理论思考［J］．南京社会科学，2016（3）.
9. 荆学民. 探索中国政治传播的新境界［J］. 中国人民大学学报，2016（4）.
10. 公方彬. 新政治观：创新点与突破［J］. 人民论坛，2012（28）.
11. 张宁. 政治传播中的“非传播”现象［J］. 新闻记者，2016（8）.
12. 谢立中. 哈贝马斯的“沟通有效性理论”：前提或限制［J］. 北京大学学报，2014（5）.
13. 刘建明. “舆论场、宣传场与舆论机构”的种种悖论［J］. 新闻爱好者，2014（10）.
14. 张小娅. 对话的重要性：国际传播中的理解与接受［J］. 清华大学学报（哲学社会科学版），2015（1）.
15. 施惠玲. 话语与意识形态：理解政治传播本质的钥匙［J］. 中国社会科学报，2015（10）.
16. 刘小燕，秦汉. 政府回应民意的理性选择［J］. 新闻大学，2015（1）.
17. 董子铭. 宣传·说服·对话：舆论引导的路径叠进［J］. 当代传播，2015（2）.
18. 施惠玲，杜欣. 政治传播内容中政治信息与政治话语的区分及其意义［J］. 南京社会科学，2016（3）.
19. 丁华东. 论现代传媒与社会记忆再生产［J］. 学术界，2015（9）.
20. 童兵，傅海. 正确研判舆情是协商民主成功的基础［J］. 当代传播，2014（4）.
21. 王明浩. 全媒体时代网络舆情应对［J］. 新闻战略，

2014（7）.

22. 张俊华. 社会记忆研究的发展趋势之探讨［J］. 北京大学学报（哲学社会科学版），2014（5）.

23. 张盛. 网络政治参与的特征与治道变革［J］. 现代传播2014（9）

24. 李海波. “群众路线”的历史、逻辑与挑战［J］. 新闻记者，2015（9）.

25. 童兵. 马克思主义新闻观中国化的典范——学习《习近平新闻思想讲义》心得［J］. 新闻记者，2018（8）.

26. 赵月枝. 全球视野中的中共新闻理论与实践［J］. 新闻记者，2018（4）.

27. 朱清河. 延安新闻学研究的现状与可拓展空间［J］. 新闻记者，2018（2）.

28. 陈龙. 大革命时期中共宣传体系的建构与强固［J］. 新闻大学，2019（4）.

29. 李兴博，李思颖. 电报与政治的互动——清末通电流行原因探讨［J］. 新闻春秋，2019（1）.

30. 赵云泽，楚航. 古代传播媒介“露布”政治功能考察［J］. 新闻春秋，2017（1）.

31. 宣海林，李铎. 非虚构写作：叙事视角、路径依赖与现实冲击［J］. 中国图书评论，2018（6）.

32. 陈力丹. 习近平的宣传观与新闻观［J］. 新闻记者，2014（10）.

33. 史安斌，王沛楠. 建设性新闻：历史溯源. 理念演进与全球实践［J］. 新闻记者，2019（9）.

34. 韩娜. 社交媒体对政治传播影响的研究［J］. 新闻记

者，2015（8）.

35. 陈文胜. 社交媒体的政治性应用［J］. 新闻记者，2016（4）.

36. 李滨，郭玉格. 革命话语逻辑与中国近代政党机关报观念的成形——以孙中山报刊论述为焦点［J］. 新闻与传播研究，2013（4）.

37. 何平. 坚持守正创新 担当使命任务［J］. 中国记者，2021（1）.

38. 刘海陵. 全力打造具有鲜明岭南特色的新型现代文化传媒集团［J］. 中国记者，2021（1）.

39. 田舒斌. 新华社："平台再造"再出发［J］. 中国记者，2021（1）.

40. 陈凯星. 新华社客户端：新版创新"新闻 +"运营新模式［J］. 中国记者，2021（1）.

41. 邓兆安，崔景友，宋君. 网媒问政平台发展的新路径［J］. 新闻战线，2021（1）.

42. 人民日报理论部. 推动党的创新理论"飞入寻常百姓家"［J］. 新闻战线，2021（1）.

43. 周庚虎，周咏，滕泽人，方思贤. 优化融合报道机制的四个着力点［J］. 中国记者，2021（1）.

44. 中国传媒大学党报党刊研究中心课题组. 大变局时代党媒的责任与担当［J］. 中国记者，2021（1）.

附　录

新时代我国新闻政治传播的创新与演进

陈友胜

摘要：近年来，我国的新闻政治传播在内容和形态上不断创新与演进。内容上，更加关注党和政府大政方针的落实执行、百姓民生、民众愿景。形态上，更加重视政治民主监督、民众政治参与、政治对话沟通。新闻政治传播呈现出新气象和勃勃生机。

关键词：政治传播；调查性报道；会议报道；电视政论片；扶贫报道；建设性新闻

政治传播，是政党或政府，面向广大民众，通过多种传播渠道，传播政党或政府的意识形态、执政理念、政策、制度等，以影响、引导和支配民众的思想、情感和行动。我国政治传播研究者韩娜认为："政治传播是政治主体与社会主体之间通过传送和交换政治信息，得到所需要的政治效果的过程。”[①]学者荆学民认为，政治传播具有构建政治合法性、形成公共舆论、推进政治民主三大功能。[②]

中国共产党领导的新闻政治传播经历了一个世纪的历史，积累了丰富经验和优秀的历史传统，今天仍在发挥着重要的作用。另一方面，应时代的发展，中国社会民主政治建设的加强，以及网络等新媒体的崛起，以传统媒体为主的新闻政治传播，在内容和形态上不断演进和创新，使政治传播在新时代焕发出勃勃生机。

在内容上，这些政治传播不但涉及党和政府的大政方针，而且涉及方针政策的落实执行；不仅涉及国家大政，而且涉及百姓民生；既关涉国家的长远规划，也关涉民众的近期愿景。政策落实、百姓民生、民众愿景，这些过去在政治传播中呈现不够的内容，在近期媒体的政治传播中得到更充分的呈现。在形态上，过去的政治传播更多的是注重政治宣传，而这里列举的政治传播，除了政治宣传的形态外，还有政治民主监督、民众政治参与、政治对话沟通等多种形态，丰富了政治传播的形式。

一、关注政令的落实：调查性报道新使命

调查性报道，过去向来是揭露社会问题，鞭挞丑恶现象。可是，近年来大量涌现的调查性报道，却别开生面，致力于党和政府方针政策的落地执行。用一种新的形态积极参与新闻政治传播，从另一个角度检查党的政策宣传后落实执行的情况。

比如，新华社不断推出的调查性报道，一头连着中央方针政策，一头连着基层实际，为新闻政治传播走出了一条新路子。《昼伏夜出、派人盯梢、地下交易……长江禁渔数年，“猫鼠游戏”仍上演》这篇调查性报道，揭示了中央做出的长江禁渔，扭

转长江生态环境恶化趋势的重大决策后，长江非法捕鱼现象依然存在，并形成渔具销售、非法捕鱼、地下交易的黑色利益链。记者明察暗访，挖出其中真相，并提出问题解决办法。《3 万亩“私家湖泊”为何如此任性?》，则是记者冒着极大风险，披露洞庭湖挖沙的破坏环境事件，让一起久拖不决的案件终于尘埃落定，处理了 100 多名官员，落实了中央环境保护政策。《以痕迹论政绩，“痕迹主义”有点过了：不能痕迹管理成形式主义新变种》，报道通过基层搞“资料比武大会”这一事例，批评了形式主义的危害，贯彻中央为基层减负的精神。

二、党代表通道：会议报道的新景象

会议报道，是我国政治传播的主要形式。历经多年，我国的会议报道不断创新，政治传播效果不断提高。

党的十九大会议报道出现了又一大创新亮点：首次开设了“党代表通道”并全程直播，60 多名党代表接受 150 名中外记者的采访，共采访 3 次，回答提问 50 次。无论电视观众还是网民都引起热烈反响，达到前所未有的效果。

“党代表通道”犹如为会议报道吹进来一股改革的春风。它具有以下特点：其一，开创了全国性会议大批与会者公开发声。以前，会议主要是听取会议召开者发表政见，少有与会者谈论政治议题，即使也有少数与会者在讨论会上内部发言或个别人接受采访。而这次“党代表通道”公开接受中外媒体的采访，人数之多，代表面之广，从未有过，显示了我国群众政治参与深度与广度。其二，采访的政治议题，涉及党建、反腐、扶贫、环保、经贸、科技、文体、教育、医疗、军事、外交、两岸关系等热门话题，代表们结合实际，畅所欲言，显示了政治传播的民主性和开放性。其三，以生动而感性话语解读中央的抽象的话语。60 位代表有 60 种不同的生活经历，也有着鲜明的个性化话语，他们从不同的角度谈对中央政策的理解和体会，多侧面地解读了中央的政策，赋予政治传播多元化的丰富色彩。其四，网络传播时代，人人都是传播者，也是接受者。60 名代表就具有这样双重身份。他们既是党代表，必然代表党和政府，传播党和政府的意见，作为无数党员的一员，他们又肩负着对全体党员和民众宣讲党和政府执行理念的任务。他们的接受采访，有助于全中国和全世界人民的政治阐释，更好地获得政治传播效果。

三、电视政论片：从高层走向民众

电视政论专题片，是对社会普遍关心的政治话题，包括党和政府的方针政策的电视表达和呈现。它是以客观事实为依据，以政治理论严密的逻辑思辨为特色，以电视的多种表现手段为形式的视听作品。

以往的电视政论片，以其宏大严肃的话题，叙事抽象，显得与观众不够亲近。进入新时代，电视政论专题片放下身架，从高层走向民众。不但领导满意，民众也喜欢，政治传播效果进一步彰显。特别是向党的十九大献礼的 7 部电视政论片《将改革进行到底》《法治中国》《大国外交》《巡视利剑》《辉煌中国》《强军》《不忘初心 继续前进》，是由电视政论片创新的佼佼者。

（一）7 部电视政论片的创新之处

1. 以习近平治国理政新理念为灵魂

习近平治国理政新理念，是当代中国马克思主义发展的新成果，现实性强。7 部政论片以它为贯穿的红色主线，民众耳熟能详，感到亲切，易为人接受。

2. 让事实说话

事实胜于雄辩。《将改革进行到底》中，选择了佛山的案例说明供给侧改革的必要性和重要性。《法制中国》选择了云南腾冲的事例，说明把权力关进笼子里的意义。《巡视利剑》列举了 20 名在巡视中受到查处落马官员的案例。

3. 故事化的叙事

故事化叙事受到人们青睐，政论片也开始注重故事化叙事。《辉煌中国》讲述了 65 个故事。港珠澳大桥建设中最后一根沉管合龙安装的故事扣人心弦。《强军》中红蓝两军对决的故事，寓意深刻。

4. 叙事语态的创新

电视政论片的语态主要涉及画面与语言。7 部政论片的叙事语调平和、语言平实，少有激昂慷慨陈词，少有抽象空泛的话语。画面少用空镜头，多用有人物活动的写实镜头，使人感到朴实亲切，避免给人“假大空”的印象。

（二）7 部电视政论片获得好评

收视效果大大超过以往政论片，并且社会反响好。电视收视率最高的达到 1.1%，最低的也有 0.74%，均高于同时段其他节目的收视率。“两微一端”网络等平台进行了积极传播，实现了“大屏”与“小屏”的相互呼应。网络关注度总量达 4 万余条，

2500余家网络媒体参与报道，微博提及量17万条，讨论量接近百万次，阅读量超78亿次，全国视屏点击量超6亿次，9000多家微信公众号宣推，发表文章17万篇等。

四、扶贫报道：建设性新闻的范例

“建设性新闻”是一个国外引进的概念，最早由丹麦学者海格拉普提出。

有学者认为，“建设性新闻最主要的特点在于它具有面向未来的视野，以及开掘可能的解决路径。”它“通过吸纳解困新闻、公民新闻等相关理念，推动新闻作为一种建设性的力量参与到社会发展的进程中。”③

我国的正面报道与建设性新闻既有相同之处，也有不同之处。相同之处都倡导报道正面的、美好的、有积极意义的事物，不主张负面的丑恶的消极的事物报道充斥媒体。冀望报道能让人振奋精神，对人生和社会、国家充满希望和信心，营造积极而健康的舆论氛围。两者最大的区别在于，正面报道的题材都是正面的，而建设新闻的题材更多的是社会问题的正面呈现，特别是提供解决社会问题的思路和办法。

建设性新闻和正面报道一样，都是我国政治传播的一种重要形态，能使政治传播取得良好的效果。因为它与党和国家解决社会问题目标一致，并能助推党和国家对某一社会问题的解决，提供具体思路和具体办法，精准扶贫报道便是范例。

早几年，我国尚有不少地区人口生活在贫困线以下，成为我国较为突出的社会问题。这也是党中央要下决心解决的问题。近几年，全国媒体为脱贫攻坚纷纷支招。

《湖南日报》刊发的《你不脱贫我不甘》，报道了溆浦县帮扶干部与扶贫对象心同意坚的故事，是一篇长志气鼓信心的建设性新闻。又如《湖南日报》刊发的《苗寨唱起新山歌》，呈现了苗寨是如何脱贫的，为脱贫攻坚提供了很好的思路。关于脱贫攻坚中具体问题的解决办法，《经济日报》对“政出多门”，刊发了《打酱油的钱不能买醋》，为面上的问题支招：最好的办法是由一个可靠的部门，对县（市）相应的涉农资金进行统筹，实现扶贫资金效益的最大化。

八年的精准扶贫，五年的决胜攻坚，是党中央的重大战略部署，也是国家的基本国策，面对这一政治传播的突出内容，媒体的建设性新闻积极推进。2020 年全国脱贫攻坚完美收官，扶贫报道的建设性新闻功不可没。

进入新时代，我国的政治传播不断创新，更接地气，努力克服政治传播中信息未被接受或者未能到达受传者的“非传播”现象，越来越能获得受传者的“意义共识”。

注释：

① 韩娜．社交媒体对政治传播影响的研究［J］．新闻记者，2018（8）．

② 荆学民．政治传播活动论［M］．北京：中国社会科学出版社，2014．

③ 史安斌，王沛楠．建设性新闻．历史渊源理念演进与全球实践［J］．新闻记者 2019（9）．

（作者为湘潭电视台新闻频道副总监）

（该论文刊载于全国中文核心期刊、全国新闻传播类核心期刊《青年记者》2021 年 5 月下总第 702 期）

破圈：电视扩展年轻受众的有效路径

陈友胜

摘要：“破圈”是电视深度融合的重要举措。“破圈”目的就是拓展年轻受众。电视已有的实践证明：寓主旋律于图像之中，是提升青年的社会认知，是行之有效的“破圈”途径。电视“破圈”需要坚守三原则：守正创新、群众路线、做大可控平台。

关键词：电视；破圈；拓展；年轻受众

2020年9月下旬，中办国办印发《关于加快推进媒体深度融合发展的意见》，媒体融合打响了攻坚战。自2014年中央全面深化改革委员会第四次会议通过《关于推动传统媒体和新兴媒体融合发展的指导意见》下达后，通过这些年的试水、探索，积累了一些正反方面的经验，“两办”的文件也进一步指明了加快深度融合的方向，更加坚定了媒体融合的决心和信心。

时下“破圈”成了加快深度融合的一个热词，破圈发展已成为一种期待。电视在“破圈”方面已取得一定的成效。如何维持和发展这良好的局面，电视人都在深入思考。

一、“破圈”的价值指向

什么叫圈？圈是指一群习性相近，趣味相投的人，也可以说是一个认知取向大体相同的群体。这里的圈是指称网上的朋友圈，经常交集互动在一起的网友。时下，网上的主流群体是15岁到35岁的年轻人，他们十分活跃、思维敏捷，接受新事物快，好奇心强，也对身边事物喜欢质疑、探索、思考。

这些年轻网民完全不同于老一代的受众，他们不习惯传统的传播方式，虽然他们认可和奉行传统的价值观和主流意识形态，但对严肃的硬新闻，对说教式的新闻，退避三舍。年轻网民自网络出现后，商业网站很会迎合其兴趣爱好，于是他们放弃了传统媒体，选择拥抱新媒体，并形成大大小小不同的圈层。

正如习近平总书记指出的："很多人特别是年轻人基本不看主流媒体，大部分信息都从网上获取。必须正视这个事实，加大力量投入，尽快掌握这个舆论战场上的主动权。"

"破圈"，就是在深度融合中，传统媒体要破除年轻网民形成的圈层，融入他们的群体。用网络语言来说，就是圈粉年轻人，并对他们产生黏性。将新型主流媒体的受众向年轻人拓展。

2021 年开年不久，《中国记者》围绕焦点"破圈"组织了一场热烈的讨论。发表论文参加讨论的有中央级的报台，如《人民日报》、新华社、中央电视台、《中国青年报》，也有地方报台，如《南方都市报》、四川广播电视台等，也有澎湃新闻、B 站等新媒体，还有学界的学者如中共中央党校的教授郭全中参与讨论。郭全中认为："主流媒体的深度融合需要解决现代传播能力构建和重构商业模式与盈利模式两大难题，而这都需要通过'破圈'这一利器来破解。在现代传播能力构建方面，亟需突破之前'精英传播'的旧圈层向真正的'大众传播'新闻圈转型。"①

业界人士围绕"破圈"，结合自身媒体的实践，发表了许多真知灼见。具有代表性的有新华社微信公众号主编陈子夏的见解："主流媒体产品要实现'破圈'，互联网思维是必不可少的法宝；尊重、了解和依靠年轻力量，可以让'破圈'之路更为顺畅；而始终保持突破创新的理念，则是使'破圈'不断成功并最终成为常态的不竭动力。”中青在线的总经理闵捷也发表意见认为：“面对网感十足的95后、00后，怎样把主旋律表达得生动有趣？中国青年报社旗下的中青在线探索‘破圈’，走上以文化IP为特点的融媒体发展之路。”② 上述讨论，比较一致的观点是“破圈”的重点是年轻网民，争取了年轻人也就争取了未来。同时也包括不同文化取向的各类网民群。但作为电视来说，“破圈”应该主要是针对年轻网民。这是因为当下固守在电视机旁大都是中老年人，而年轻人基本上离开电视，转向移动新媒体。“破圈”要让他们回归。

二、电视“破圈”在行动

近年来，电视从中央到地方，都在千方百计改变呈现方式，赋予主旋律内容以年轻群体喜闻乐见的形式。特别是电视新媒体，更加尊重年轻人的欣赏习惯，许多适合年轻网民口味的内容产品应运而生。

（一）寓主旋律于图像之中

我们进入了一个读图时代。德国学者海德格尔指出：从本质上看来，世界图像并非意指一幅关于世界的图像，而是指世界被把握为图像。读图时代流行的是视觉文化，是指文化脱离了以语言为中心的理性主义形态，日益转向以形象为中心，特别是以影像为中心的感性主义形态。当代的年轻人正是视觉文化的一代。

1. 慢直播

慢直播是纪录片的一个分支，其样态特征是：长时段性，信息流转速度慢，24小时的陪伴式播放为用户提供了随意进场出场的自由，是段落和连续的统一；无需记者或主持人解释说明，无剪辑、无解说；原生态性或实景优化；陪伴式社交，慢直播营造“想象的共同体”；用创造的新词来体现想象；无限衍生内容，用户交互成为直播内容。③

2020 年 1 月 27 日，“央视频”客户端联合中国电信，在“疫情 24 小时”专题页面播出了武汉火神山、雷神山两家医院抢时间兴建的工地的繁忙景象，其全程慢直播受到年轻网民的追捧。播出两小时后，在线观看人数就达到 8624 万人次，网友们边看边评议，爱心按钮被点击了 162 万次。慢直播时，画面上窗是信息流，下窗是评论流。在评论窗里，网民戏称忙碌的小叉车为“叉酱”，把电焊工称为“焊舞帝”，把压路机称为“多尔衮”。网友们点赞“中国速度”“与时间赛跑”“武汉加油”，折射出中国共产党和政府“人民至上”的治国理念的光辉。

2020 年 4 月 15 日，央视频与新媒体平台又一次与中国电信合作，推出《珠峰十二时辰》系列慢直播，首次全方位全视角向网民展现了珠峰 24 小时的实时景观。直至 4 月 23 日，超过 1300 万网民观看并实时跟进评论。有网友一天总要点进来看几次，看着静谧的珠峰，感到很“治愈”。反映出网民对祖国山河的奇观盛景的热爱之情。

同年 9 月 28 日，央视频应用“5G + 4K + 无人机”技术，对湖北境内五大著名景点进行高清慢直播，吸引了大批网民观看，有网民指这是疫情过后最暖心的“大片”，是“云游全面复苏后最美湖北。”随后，央视慢直播又相继推出了《上海这一刻：黄浦江》《远眺大理崇圣寺三塔》《广西神秘的白头叶猴家族》《长城十二时辰》《在线北京的秋》等，都受到网民，特别是年轻一族的追捧。

四川广播电视的新闻客户端“四川观察”打造了“慢直播 + 热点直播”的24小时模式，该模式曾播出《凉山州森林山火直升机灭火系列报道》，观看量超1300万。在“七夕”之际，“四川观察”直播间甚至成为青年网友的表白墙，观看人数达2200万。

慢直播之所以受到网民，特别是年轻网民的热捧，主要原因是它为网民建构了一个开放的想象空间，符合年青网民的观看心理。慢直播没有解说，没有人物语言，只有真实的未加剪辑的记录全景。这就使得慢直播的意义未被限定在某一个意义框架内，可以任由网民发挥想象，自构意义。网民可以参与生产内容获得快感和满足感。

2. 短视频

在读图时代，视频图像更受受众青睐。现在短视频在网上走红。连一向以文字见长的印刷媒体为争取网民也大量使用视频。电视本身就有视频的优势，但如何使用短视频向年轻网民展现严肃的主旋律新闻，是电视的创新课题。

2020年大年初六，江苏省委书记检查基层防控疫情情况与农村防疫人员有一段即兴对话，随行江苏广电总台记者拍摄后制成短视频《江苏省委书记进村检查疫情被拦下，大爷的回答有多硬核》，网上发布后很快登上微博热搜前三，话题阅读量达2.5亿次，全网浏览逾亿次。其影响大大超过电视的时政新闻。

2020年2月，湖北疫情急需过氧化氯消毒器，技术成熟的某厂家负责人袁传伟在工人尚未复工的情况下，一人承担起生产任务，每天只睡两小时赶制产品，最终如期如质完成任务。苏州广电记者迅速推出短视频《一个人的生产线》，阅读量很快超1300

万，央视新闻频道等十几家媒体纷纷转载。

短视频是视频图像中的轻骑兵，短小精悍，以讲微故事为主，基本上没有说教，而是以事实说话，故受到欢迎。

3. 手绘动画

手绘动画也是电视借助动画艺术来呈现主旋律题材的一种创新形式，是适应读图时代受众的欣赏指向。

2020 年“七一”建党节前夕，央视新闻推出手绘动画《我的选择》，勾勒出中国共产党 99 年的风雨征程。动画中使用了习近平总书记的同期声：“时代是出卷人，我们是答卷人，人民是阅卷人。”《我的选择》体现了“答卷人初心如磐，九十九风华正茂”的主题，在央视客户端发布后，被多方转载，全网播放量破亿。众多年轻网民在视频下留下评论：“祝党 99 周年生日快乐。”称赞主流媒体的“反差萌”，打破了“照本宣科”的惯例。

4. 图片与照片

图画和照片，是诉诸视觉的最早视觉文化形式，一直是读图时代的重要对象。在“破圈”行动中，图片与照片也成为年轻网民的青睐选择。电视在创新中赋予这些图片与照片以深刻的主旋律内涵。

2020 年以来，央视新闻客户端推出了《HS2020 年度图鉴 你认出了谁?》该图鉴是根据 2020 年新闻热点人物、事件、影视剧、流行语等元素制成的年度具有正能量的人物。包括“人民英雄张定宇”、带货扶贫网播组合、“小朱配琦”等，年轻网民饶有兴趣地观看、猜测。该图鉴海报在朋友圈刷屏，点亮小游戏累计 1038 万次，投放朋友圈广告曝光 3500 万次。

2020年3月，央视新闻微博发布了复旦大学附属中山医院拍摄的《医生为病人停下欣赏日落》照片，照片中援鄂医疗队员刘凯医生推送住院一个多月的87岁老先生去做CT，途中老先生欣赏了一次久违的日落。照片发布后，点赞数达14万，阅读量2.6亿次，网民称这是一张最暖心的照片。

（二）提升青年对社会的认知

青年正处在成长期，智力有待开发，知识有待增进。特别是当前国际国内形势都处于复杂多变，科技发展日新月异，青年迫切希望从与媒体的交往中，更好地认识世界，改造世界。主流媒体应承担起引领青年的责任，用他们喜闻乐见的形式满足他们。

1. 设置问答

针对年轻人常遇到的生活中各类问题，央视的经济频道设置的栏目《这是真的吗?》，将生活中似是而非的问题或似非所是的问题提出来交人们回答，必要时还通过科学试验来揭示正确答案，既风趣又幽默又能增加人们的生活知识。央视新闻频道的《一问到底》栏目，设置的回答题则涉及国际国内、政治经济文化方方面面，而且将此问题与观众互动，最后揭示真相并追究出原因。如2021年3月10日播出的问题是“世界缺沙吗?”回答了沙漠的沙和海洋的沙虽然多却不能做建筑材料。也回答了沙子短缺的原因，是建筑业发展速度快。以及世界上沙产量最大的国家是澳大利亚等问题。这两个栏目上线后，年轻网友的点击量很大。

还有一种类似于问题解答栏目，那就是社会问题真相的深度调查栏目，这种深度调查主要涉及民众，特别是青年民众关注的政经问题。长沙广电融媒体专栏《总编辑调查》，围绕新时代社会主义社会的重大主题以及与民生的密切关联的问题进行调查，并予以回答。已经发布的有《这个春天 第一书记在忙啥?》《核心技术是怎样炼成的?》《长沙如何迈向世界工程机械之都?》《南有马栏山，长沙如何打造“中国V谷”》等。该栏目面对20～60岁的党政部门公职人员、企事业单位负责人、城市白领、在校大学生等有分享资讯欲望的智能手机用户。实践证明，该栏目受到以上目标用户的青睐。每期报道均获得学习强国平台首页重点推荐，总点击量达2.2亿，多条稿件单篇阅读量突破100万+。

2. 设置话题。

话题设置应当是新闻议题的一种，它是话题意义框架的设定，在新闻中起着一种引领作用。通过网民参与话题的讨论，能不断增值话题的价值，丰富话题的内涵。这种形式也深受思维活跃的青年网民欢迎，他们在参与交流中提升了对社会的认识。

2020年岁末，央视新闻在微博上开设话题“谢谢你陪我走过2020”引发网友围观和热议。是年，因为新冠疫情流行，网民的话题自然围绕疫情展开。有的感谢医务人员为其治病，有人感谢家人朋友的帮扶，还有的感谢社区志愿者……在一年的回望中，网民们通过千言万语，数不尽共产党在战“疫”中的英明领导，说不完社会主义制度的优越性。网民在话题中共享对党和政府的炽热情感和对社会制度的深刻认识。

3. 网播带货

这本是网上的一种商业营销方式，但被主流媒体赋予了时代的内涵。如为贫困地区脱贫推销农特产；又如疫情期间为疫区带货销售提供方便；还有的为促双循环拉动消费内需而网播带货。网播带货既促进了经济发展，又开展了主旋律宣传，起到凝聚人心的作用。同时，这种形式深受年轻网民的欢迎。

2020 年 4 月 6 日，央视新闻开启“谢谢你为湖北拼单”公益直播带货。“段子手”朱广权与“带货一哥”李佳琦联手，单场就为湖北带货超过 4000 万元。两人幽默风趣的直播迎来众多年轻网民围观，并激发他们的爱心。总计“谢谢你为湖北拼单”公益直播带货，观看人次达 1.22 亿次，点赞达 1.6 亿。

2020 年 6 月 6 日，央视四位男主播组成“央视 boys”，和北京电视台主持人春妮共同直播带货，倡导新消费，拉动内需，助力内循环，取得良好效果。以主播、主持人的人格魅力、影响力，吸引了大批年轻网民围观和点赞。

金华广播电视台借势“线上线下 + 直播带货”新业态，11 场新媒体网红带货直播总的观看量 500 万，其中最多的一场达 83 万。既助力消费，又让扶贫攻坚、经济内循环深入人心。

三、电视“破圈”三原则

主流媒体“破圈”是为了吸引年轻人的注意力，通过适合他们的生动活泼的形式吸纳他们，让他们能得到主流价值观和主流意识形态的浸润。为此，我们必须坚守初衷而不变。

1. 守正创新

传播渠道变了，用户变了，但我们的初心不能变。这个初心就是让正能量更强劲，主旋律更高昂，这就是“守正”。传统媒体因循守旧的陋习要改革，传播模式、传播样式、传播语言、语态都要创新。但创新不是“异化”，不能跟在某些商业网站后面举香跟拜，搞“娱乐至上”，甚至为了流量而搞些低级趣味的无聊的东西。我们不是商业网站，我们是主流媒体，肩负着党媒的重任。

2．走好全媒体时代群众路线

媒体有着悠久的“开门办报”“开门办台”的光荣传统，这是党的群众路线在党的新闻事业的贯彻执行。历史证明，这对党报党台强化宣传效果、扩大社会影响力，发挥了重要作用。

在全媒体时代，在加快媒体深度融合时，特别在“破圈”行动中，仍要坚持走好群众路线。新媒体的双向流动技术，参与、互动、反馈的便捷，弥补了传统媒体单向流动的不足，为主流全媒体走好群众路线提供了条件。我们应及时关注和回应群众的所思所想，听取他们的呼声，及时了解和分析网上的舆情，掌握其中的真实民意，通过各种节目满足他们的需求。

3．做大平台，凝聚网民的向心力。

“破圈”中的各种创新形式的传播，不能成为散兵游勇，单打独斗。而应构建一定内容的开放式平台，以凝聚网民。商业网站经营的一条成功经验，就是做大做活平台。我们要抓紧做大做好自主可控传播力强的平台，让网民形成习惯，直奔所感兴趣的平台，形成平台的粘附力。

注释：

① 郭全中．主流媒体“破圈”的背景与路径探讨［J］．中国记者，2021（2）．

② 陈子夏，闵捷，王海军，刘砥砺．焦点破圈［J］．中国记

者，2021（2）.

③ 杨继红．慢直播传播特征：场景介入+用户卷入［J］．中国记者，2021（1）.

（作者系湘潭电视台新闻频道副总监、主任记者）

（该论文刊载于全国中文核心期刊、中文社会科学引文索引（CSSCI）来源期刊、中国人文社会科学期刊AMI综合评价入选期刊《中国广播电视学刊》2021年第6期、总第363期）

后　记

本人从事广播电视新闻工作二十多年，其中大多数时间负责党政部门采访，深深地感悟到：媒体要当好党和政府、人民的喉舌，一定要自觉做好新闻政治传播工作。

以往，认为当好喉舌，主要是做好党和政府的会议报道，也就是宣传工作。自从接触到政治传播这个概念以后，明白政治宣传，只是政治传播的一个重要部分。政治传播还包括对话沟通、政治动员、政治阐释等，这就认识到当好喉舌，主要是做好政治传播工作。随着再深一步的探讨，又明确了政治传播中政治话语固然重要，政治信息也至关重要。会议报道更多的是传达政治话语，也传达一些政治信息。而典型报道、建设性新闻、调查性报道、电视问政等，除了呈现政治话语，更多的是呈现政治信息。因此，政治传播形式非常丰富。当然，当好喉舌，不仅要做好会议报道，也要做好典型报道、建设性新闻、调查性报道、电视问政等多种形式的报道。

进入新时代，习近平总书记关于政治传播有许多深刻的论述。要适应新时代的要求，更好地提升新时代政治传播的效果，运用习近平总书记的新闻传播思想来改革创新我国的政治传播，是必然的选择。解决好媒体、公众、党和政府的良性互动，是提升新时代新闻政治传播的有效途径。本书尝试着做了一些探讨。

新时代是个全民传播的时代，自媒体、网络媒体有许多内容涉及政治传播，如何引导新媒体规范传播，如何占领新媒体阵地，传统媒体与新媒体的融合正在路上。本书对新媒体的政治传播以及传统媒体向新媒体政治传播的进军自然也少不了关注。

人是政治的动物，在我国政治传播自古就有传统，在旧民主主义革命时期，尤其中国共产党领导的新民主主义革命时期，更积累了丰富的政治传播经验，为今天的政治传播提供了丰沛的营养，本书不能忘却这些国家记忆。

拙作在写作和出版过程中，得到了许多前辈、老师和同仁的鼓励支持，特别是好友蒋海文先生的鼎力支持、悉心指教，令我受益匪浅。本人是长期耕耘采编一线的新闻业者，新闻传播理论根底不深，本书写作虽力求实践性和学理性相结合，但缺失尚多，望方家指正。

作 者

2021 年 3 月

图书在版编目（CIP）数据

中国新闻政治传播研究 / 陈友胜著. -- 湘潭 : 湘潭大学出版社，2021.8
ISBN 978-7-5687-0602-5

Ⅰ. ①中… Ⅱ. ①陈… Ⅲ. ①新闻学—政治传播学—研究—中国 Ⅳ. ① G219.2 ② D60

中国版本图书馆 CIP 数据核字（2021）第 162280 号

中国新闻政治传播研究

ZHONGGUO XINWEN ZHENGZHI CHUANBO YANJIU

陈友胜 著

责任编辑：尹筝筝
封面设计：李　平
出版发行：湘潭大学出版社
社　　址：湖南省湘潭大学工程训练大楼
电　　话：0731-58298960 0731-58298966（传真）
邮　　编：411105
网　　址：http://press.xtu.edu.cn/
印　　刷：长沙鸿和印务有限公司
经　　销：湖南省新华书店
开　　本：880 mm×1230 mm 1/32
印　　张：6.25
字　　数：157 千字
版　　次：2021 年 8 月第 1 版
印　　次：2021 年 8 月第 1 次印刷
书　　号：ISBN 978-7-5687-0602-5
定　　价：38.00 元